発達障害グレーゾーンでも夢を実現して幸せに生きる

僕がフリーランスのヨガ講師として活躍できるようになったワケ

岩渕玄太 著
西藤直哉 監修

セルバ出版

はじめに

ADHDのグレーゾーン

「お前本当に空気読めないな」

「まじめに話を聞いてないんじゃないか？」

「何度も言っただろ！」

「なんで今それを聞くんだ？」

「返事はわかったから、ちゃんと仕事してくれ！」

「お前が何を考えてるのかサッパリわからない！」

「やる気がないならいつでも辞めていいぞ」


5年程前、こんな言葉を浴びるのが僕の日課でした。日課なんて言い方をすると、それを言われることに僕が慣れっこみたいなんですけど、決してそんなことはありませんでした。

毎日本当につらくて、苦しくて。職場に行くとおなかが痛くなって。胃がムカムカして。転職を3回もしましたが、全然うまくいかず、毎日半泣きでした。

一時期は僕のスマホの検索履歴の上位3件が「富士の樹海、自殺の名所、自殺の方法」だったことがあります。

完全に病んでますよね（笑）。でも冗談じゃなくて、本当のことなんです。

東京の心療内科を訪ねて問診と検査を受けた結果、僕はＡＤＨＤのグレーゾーンだということでした。

僕はとてつもなく生きづらさを感じ、20代半ばにして人生の幕を閉じようとしていました。生きてることが辛いと思って、まだまだお世話になっていた実家の湯船につかりながら1人で泣いた日もありました。今思い返しても、大変だったなあと思います。

あなたもそうなんですか？

今辛い思いをしているんでしょうか？

もう人生を終わりにしたいって思ってますか？

わかります。わかりますよ。辛いですよね。

でも大丈夫。この本はあなたの行く先を照らしてくれます。

僕も約3年前、親友に救われました。優しい言葉もかけてもらったし、アドバイスもしてもらいました。一緒に頑張ろう！　って励ましてもくれました。Five Elements Yoga®という素晴らしいヨガにも出会って、人生が変わりました。

人間関係もよくなって、貯金もできるし、毎日好きなことができて幸せです。

自信も結構ついてきましたよ。

仕事なんて辛いだけだと思ってたのに、今では休みの日にわざわざ自分で企画したイベントを開催しちゃったり（笑）。

もう前の自分からすると、考えられない状況ですよ。あのとき、本当に生きることをやめなくてよかったと思ってます。

自分を深く知り、環境を整えれば、僕たちは前に進めます。

だから今度は僕があなたを助けたい。そこから一歩抜け出せば、本当に輝く未来が待ってるんですよ。

さて、発達障害（ＡＤＨＤ）を強みとしていくためには、まずノウハウよりも心の話が大切なので、前半は主に自分と向き合うことや考え方について書いています。そこから先は具体的に生活をよくするためにどういったことをすればいいかその方法を、そして最後の第６章では日常生活ですぐ使える知恵を紹介しています。きっとあなたの生活にも役に立つ情報が見つかると思います。

しかし、あなたの生活をよりよくするのはあなた自身の行動でしかありません。僕は今本書を手にとっているあなたに本気で幸せを感じて生きていって欲しいので、本書を読みながら日々の行動に落とし込めることはどんどん実践してほしいと思っています。本書はあなたの行く先を照らすランプのようなものです。足元と少し先の道を照らし、あなたに勇気と知恵を与えてくれます。

さあ、肩の力を抜いて。５秒間目を閉じて深呼吸してみてください。

ちょっとスッキリしましたか？

じゃあこれから話していきますね。

まずは今日に至るまで、出版のきっかけを与えてくださった山下貴志様、ヨガの師匠である山本俊朗先生、ＳＮＳで拡散してくださった方たち、僕の出版をサポートしてくださった人たち、隣で支え続けてくれた妻、家族、僕と関わってくださったすべての人たちに感謝します。

出版への応援メッセージ

能力や才能とはなんでしょうか？　それは個々に本来備わるものであり、それらは障害に出会ったときにこそ開花されるものだと思います。そこに気づき今の時代に必要とされている思いを広げようとするゲンちゃんの活動を私は応援します。

Philosophy of Five Elements Yoga® 創設者　山本俊朗氏

大学時代のすべてを共にしたアツイ男です。同じダンスチームの一員として、またＡＤＨＤで悩んだ1人の仲間として、彼の活動が多くの苦しむ人の役に立つよう願っています。

塾 ReQ 寝屋川校 塾長　原田亮氏

またこの出版におけるクラウドファンディングで僕を支援してくださった次の方たちの温かいご支援とご協力があったからこそ、本といった素晴らしい形で僕の思いを表現することができました。
ここに感謝の意を表します。

DRC training studio 代表 魚津大志 様
株式会社健康マルシェ 代表取締役 田中規貴 様
ＪＤＡＣ久岡和也 様

株式会社アルジェントホーム 代表取締役社長 大村銀実様
栄町西口商店 最上勇人様
居酒屋ひさ 様
Studio in the lily の仲間達様
Sunrise YOGA 川井恵里子様
ヨガデザイナー mikauchimura 様
浦西千織 様、廣中亮介 様、小川法師 様、木内友貴 様、西村政美 様、曽我真之介 (gatchi) 様、mzh 様、
ETSU WAKATA 様
その他パトロンとなってくださった皆様

２０２０年４月

岩渕　玄太

発達障害グレーゾーンでも夢を実現して幸せに生きる
僕がフリーランスのヨガ講師として活躍できるようになったワケ　目次

2章　自分を受け入れる　空

3章　ADHDも環境を整えれば武器となる　地

4章 好きなことを仕事にすれば武器となる　水

1章

僕のADHD奮闘記とYOGAの教え

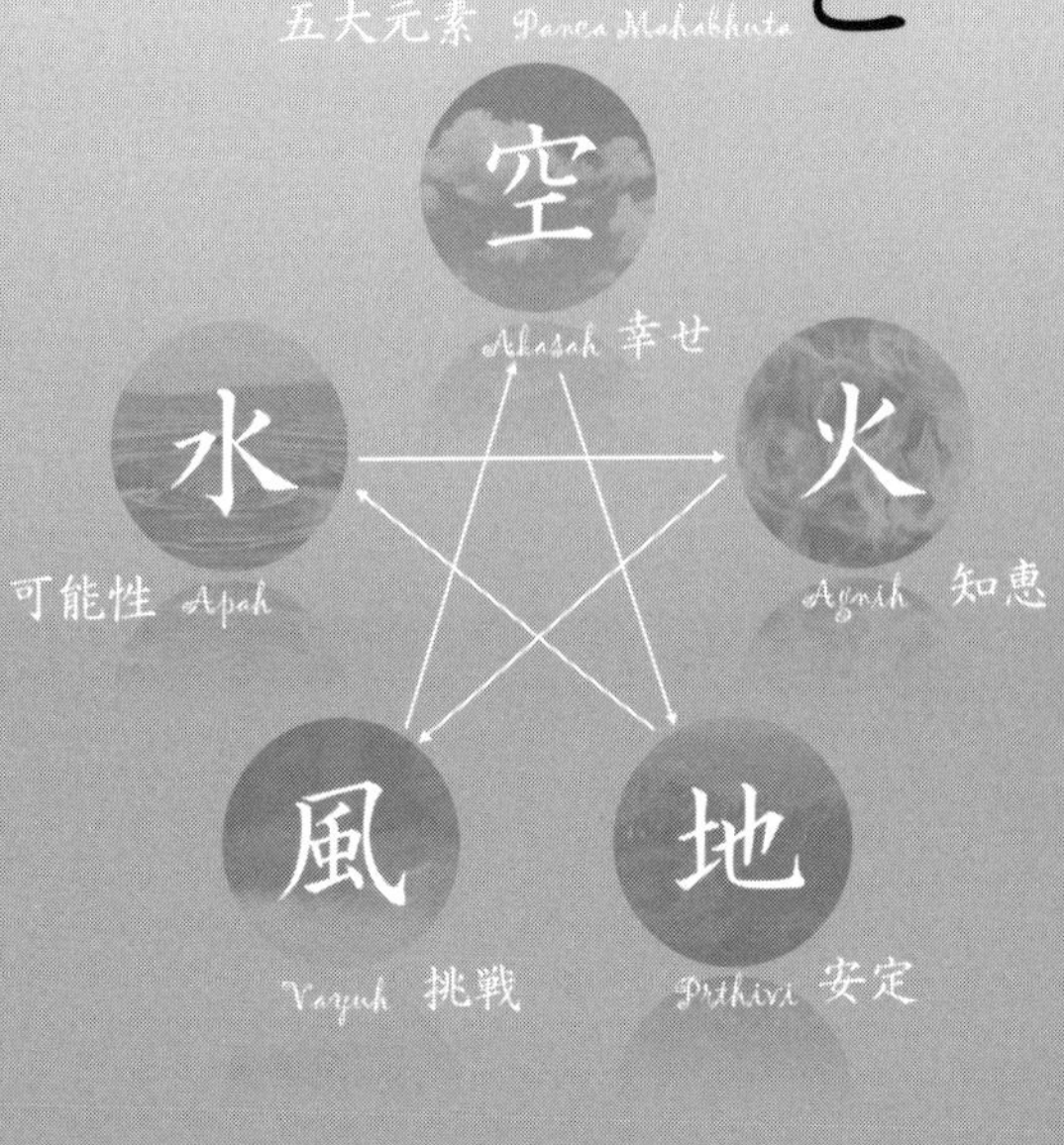

1　平凡な？　少年時代

僕という人間について

ＡＤＨＤのことをいろいろとお話する前に、まずは僕がどういう人間か、そしてこれまでどういうことに苦しんで、それを乗り越えてきたのかをざっとお話しします。そのほうが皆さんに僕が伝えたいことがよりわかりやすく伝わると思うので、少しの間僕の思い出話にお付き合いください。

幼少期は絵の才能が見え隠れ？

僕は１９９０年12月17日、大阪府の南のほうで生まれました。当時、父は天満橋駅の辺りで橋梁設計の小さな会社を経営していて、僕がまだ小さい頃、たまに職場に遊び行かせてもらっていた記憶があります。

業績がいいときもあれば、悪い苦しいときもあったんだろうなというのは子供ながらに感づいていて、両親がたまに怒鳴り合いの大喧嘩をしているのを、僕は寝室で横になりながらビクビクして聞いてました。

休日には家族で緑地公園に出かけてフリスビーで遊んだり、家から車で20分くらいのところにあるサンマルクレストランに連れていってもらっておいしいパンをたらふく食べるのが好きでした。

幼稚園児のときは、園内にあるジャングルジムの上からニワトリを飛ばせるのが好きで、よく先生に怒られていました（笑）。

飛ぶといってもニワトリ側からすると必死に羽ばたいて落下を防いでいるという感じだったかもしれません。動物愛護の観点からけしからん的なおしかりは受け付けておりません。5歳の僕の愚行をお許しください。

この頃から僕は絵を書くのが大好きで、お遊戯の時間に書いた僕の絵が、久保惣美術館によく展示されました。あるときには先生と絵を評価する人が僕の絵を気に入ったのか、僕の絵を2枚飾りたいということになりました。ところが絵の展示は1人1枚までしかできないので、先生は「いたみけんた」という別の名前を使って（笑）、僕の絵を当日美術館に2枚飾ってくれました。僕は別に嬉しくないというそぶりをしながら、心の中で大喜びしたのを覚えています。

わんぱくでゲーム好きな小学生時代

小学生になって行動範囲も広がり、友達と大きなマンションの中で鬼ごっこをするのが好きになりました。エレベーターを使って逃げていたところを住民の方によく怒られていましたね（笑）。今思うと迷惑な遊びだったなあと反省です。

友達の家でゲームをするのも大好きで、大乱闘スマッシュブラザーズとマリオカートで遊び、僕は友達たちの中でも強いほうだった記憶があります。のめりこむように好きなことをしていたのは、ＡＤＨＤ特有の過集中だったんだろうなと後から気づきましたね。とはいえＡＤＨＤ特有の気質によって学校生活や家での暮らしが物凄く不自由だったということもなく、一般的な暮らしをしていたと思います。今でも鮮明に覚えているのが、小学校の通知表内の先生が生徒についてコメントする欄に、

「いつも前向きで優しく元気のある子です」

と6年間毎年書かれていたことです。

自分に興味のないことは覚えてもいないし、昨日怒られたことなんてケロッと忘れて、次の新しいことや自分が興味のあることに熱中していた僕のいいところを先生は書いてくれていたんだなと思います。

周りが見えないが記憶力はいい

中学生になってバスケットボール部に入って、練習もそれなりに頑張っていました。バスケットボールでは周りを見て様々な状況判断を瞬時に行う視野の広さが要求されます。

僕はハンドリングと呼ばれる個人技術ばかりが成長して、試合では全く周りを見てプレーすることができず、使えない選手でした。ボールを見ずに前を見てドリブルをすることはバスケットボールの基本中の基本ですが、僕はその習得に約2年も費やしました。慣れないうちは脳がドリブルそ

のものに集中してしまうのでしょうね。まあ誰でもそうなんですけど、僕はそれを習得するのに他の人の何倍も時間がかかっていたということです。

そもそも「ボールを見ずドリブルをすることで周りの状況を把握できてプレーを展開できる」ということすら理解していなかったと思います。

僕は3年生になってすぐ、最後の大会を待たずして退部しました。当時顧問の先生には家計が苦しいからと言っていたのですが、当時僕は学習塾に通いだして、勉強とバスケの両方に集中することができなかったんです。頭の中で考えることは1つでないと苦しかったのですが、僕は心の中で、バスケから逃げ出した自分を責めていました。

3年生の勉強で今でもよく覚えているのが、社会の地理と歴史です。塾でもらった一問一答形式のテキストを何度も反復して暗記して、点数が一気に上がったんですね。僕は自分の頑張りを誇らしく思っていました。

長期暗記は本当に得意で、友達と1週間ほど前にやっていたテレビ番組の話で盛り上がっているときも、「お前なんでそんなことまで覚えてるの？」といわれるくらい鮮明に記憶していました。

いじめと闘う日々

そして3年生の間、僕はいじめられました。今思い返すと僕にもきっと原因があったのだろうと思います。空気の読めない発言をしてしまっていたり、人の話を急に遮って別の話を始めたり。今では、営業職を3年間経験したのでその点がかなり改善されたように思いますが、基本的な僕の気質は当時から変わっておらず、気をつけないとすぐに思いついたことを口走りそうになってしまいます。

当時いじめられている間は、いじめに対してどう反応していいのかがわからず、友達にも親にも助けを求めることもできませんでした。

塾にいるときに

「飛び降りろ!!!」と大声で言われても、僕は「ははは」と笑うことしかできず、「でもあと少し我慢して高校に入学すればこいつらとも関わらなくなるんだし頑張ろう」と何とか踏ん張って勉強していました。

僕は、悪意のある言葉や棘のある悪口を言われても、「なんでそんなにひどいことを言うんだろう」とショックを受けて、頭の中が全く整理できずうまく反応できません。たとえ相手が悪気なく冗談で言ったことであっても、僕は真に受けてしまい「うるせえ(笑)」などと冗談っぽく返答することなどとても思いつかずに落ち込んでしまうのです。いわゆる冗談の通じないやつですね(笑)。それは今でも変わっていません。

音楽の才能が開花?　した高校生

高校生になって僕はまたバスケ部に入部します。中学生のときに途中で投げ出したことへの後ろめたさもあって、そんな自分が嫌だったのかもしれません。

そして芸術の授業では音楽を専攻しましたが、音楽の授業のあるタイミングで、ピアノを少し披露したときの周りの反応が嬉しかったのをきっかけに、ピアノにハマり始めます。僕はピアノを3歳から11歳まで約8年間習っていましたが、習っていた当時は「ピアノは女の子が弾くもの」というイメージがあり、弾くのが恥ずかしくあまり好きではありませんでした。

8年間習っていてもピアノの先生から課題として出されていたのは、基礎の基礎の教本であるバイエルでした（笑）。

しかし高校の授業でみんなの前で少し弾いてみたところ、予想以上にみんなが「凄い！　ピアノ弾けるんだね」と驚く反応をしたのです。多少お世辞が入っていたのかなと今では思いますが、当時の僕は本気にしてピアノの猛練習を始めます。それまでまじめに練習したことは全くありませんでしたが、学校の授業と部活が終わって家に帰ってから近所の迷惑にならない夜9時くらいまでの間、毎日練習していたと思います。

その頃ちょうどテレビドラマで「のだめカンタービレ」が流行っていて、僕は主人公ののだめが弾いていたショパンのエチュードや幻想即興曲などの難しいかっこいい曲が弾きたかったのです。

とにかくかっこいいことをしたかった

高校から駅に向かうまでの間にYAMAHAがあって、そこに楽譜が売っていたのですぐに買って帰って練習しました。このときの僕の集中力は凄まじかったと思います。エチュード等の難しい曲もある程度は弾けるようになっていたのです。

ピアノを弾いたことがない人のためにわかりやすく説明すると、バイエルも満足に弾けない人がショパンのエチュードを練習するというのは、まだ分数もわからないのに数学の大学受験の勉強を始めるようなものです。難しさは伝わったでしょうか（笑）。

僕は、エチュードを練習していて2週間も経ってきて難しい部分が弾けるようになってくると、その曲に飽きてしまい次に興味が沸いてきた曲の練習を始めるということを繰り返していました。ですので、高校の3年間で難しい曲を何曲も練習しましたが、1曲として完奏できる曲はなく、すべての曲の完成度が中途半端で、どの曲もサビっぽい派手なかっこいい部分だけ弾ける状態でした。

今考えると多動性丸出しですね。でもそれが自分の強みでもありチャームポイント的な部分であると今は解釈しています（笑）。

極度の人見知り高校生

高校時代で他に印象的だった出来事は、女の子に人見知りするようになったことです。高校1年生の春にある女の子から好意を持たれていたのですが、学校からの帰り道を待ち伏せされていて気まずい沈黙のまま一緒に駅まで帰るという日が続きました。この頃の僕は会って間もない女の子と流暢に話しながら帰るスキルなど当然持ち合わせていませんでした。

この出来事から僕は異性と話すことに苦手意識を持つようになり、人見知りが激しくなります。僕はもともと内向的な性格ですが、はっちゃけている友達が羨ましいと思うタイプだったので、目立つのが苦手だけど目立ちたがりというややこしい思春期を過ごしました。

高校の3年間で人見知りは解消されず、むしろこじらせて男の子でも第一印象で苦手だなと思うタイプの人には人見知りをしてしまうようになっていました。

そんな僕を快く思わない人も多かったのか、一部の人たちから無視されたり意図的に仲間はずれにされることもありました。そんな僕とずっと仲良く接してくれたバスケ部の仲間が僕の宝物で、今でもバスケ部の仲間とは、たまに集まって当時の思い出話ができるのが本当にありがたいです。

大学デビュー？　ダンスとの出会い

大学生になった僕は内向的でシャイな自分を変えるべく、ダンスサークルに入りました。ダンスをやってみると何とも面白く、練習したらした分だけ技術が上がっていくところがとても好きでした。心の中を表現できるというものが好きなんですね。

考えてみると、幼稚園から好きだった絵も高校生でハマったピアノもそしてダンスも、すべて感覚や感性に訴えかけるものですが、言葉で表現できないものに魅力を強く感じる気質なんだと思います。

このダンスについても、僕は大学の授業が終わってから終電まで毎日練習し続け、休日も1人で練習場所に来て朝の9時から夕方5時まで練習して帰るというとてつもない情熱を注いでいました。僕はダンスを通じて知り合った他大学の友達とチーム「One Hit Lighter」を結成して、そこで全国大会に挑戦しようという話になり、より一層ダンスへの熱が強くなりました。

増える借金と不安な僕

この頃父の経営する橋梁設計会社が倒産し、奨学金を毎月上限いっぱいまで借りるようになりました。このとき、僕は家の近所の個人経営の居酒屋でアルバイトしていました。バイト好きの友達は月に10万円もらえるくらいバイトに入っていたと思いますが、僕はバイトでお金を稼ぐ面白さが全くわからずに必要最低限だけ働き、月のお給料は3万円程度でした。

しかし奨学金で毎月借りているお金は僕のお給料よりずっと多いので、毎月借金と支払いの利息がどんどん増えていきます。僕は将来このお金を自分が返していけるんだろうかということがとても不安で、その不安とストレスから逆にお金を無駄遣いしてしまうようになります。

優勝したらきっと何かが変わる！

そんな暮らしの中、「ダンスの全国大会で優勝すれば、何か素晴らしい未来をつかめるんじゃないか。華やかな生活が待ってるんじゃないか」という思いが漠然と浮かんできて、自分にはダンスしかないと思い、全力で練習したのを覚えています。

全国大会に挑戦し始めて2年目である大学3年生の秋、練習や試行錯誤の甲斐もあって、遂に僕たちのダンスチームは優勝することになりました。この経験で僕は大きな自信を得ることができました。優勝の瞬間は本当に嬉しくて、少し涙が出て。何物にも代えがたい幸せな瞬間でした。何か僕の生活や将来が大きく変わる気がして、ワクワクしたのを覚えています。

希望にあふれていた就活

全国大会が終わり、僕は就職について考え始めました。理系の研究室に所属していましたが、このとき理系の技術職や研究職に就くつもりは全くありませんでした。大学生活の初めの頃は、環境の分野に興味があったので環境系の工学部に入りましたが、大学生活の中でその考えは変わり、クリエイティビティを発揮するような、ダンスでの経験を活かせる仕事につきたいと思うようになっていました。

僕は就活サイトでいろいろな職を探してみましたが、結果的には株式会社河合楽器製作所というピアノの製造販売を主な事業とする大企業で営業職をすることになったのです。河合楽器はピアノ好きなら誰もが知る会社で、ショパン国際ピアノコンクールでもヤマハに並んでカワイのピアノが使用されています。日本が世界に誇るピアノメーカーです。ピアノ好きな僕は自分をとても誇らしく思い、社会人になってからどんな風に活躍していこうかとワクワクしました。

さて、ここからは社会人になってから僕がＡＤＨＤに気づくまでを振り返ってみようかと思います。

2　僕のADHD奮闘記

社会の壁は厚かった

２０１３年３月頃、大学を卒業してすぐの自分は「絶対にビジネスで大成功してやる!!」と、志も高く野心メラメラで、自分がまさかこんな風になるとは夢にも思っていなかったでしょう。

社会に出てすぐ、僕は違和感を感じ始めました。自分が周りの人よりケアレスミスが極端に多いことに気づいたのです。お客様に提出する前の見積もりを、誤字や金額記入ミスが原因で平均して２〜３回は書き直していました。

大切な書類だということもわかっているので、普通の人なら10回に1回ミスがあるかどうかです。しかし、僕はというと見積もり作成の機会がある度にミスしてしまっていました。この頃僕は「自分は人より極めてせっかちなんだ」という程度に考えていました。自信もあったので、こんなことは努力ですぐになんとでもできると考えていました。志は高く、毎日ビジネス書を読みあさり、効率的な仕事術や交渉術、一流のビジネスマンの心得みたいなものを学んでいました。

そんな中、自分が思い描く一流ビジネスマンと当たり前のことをミスしまくってみんなに迷惑をかけている自分とのギャップに、僕はどこか苦しみ始めていたのかもしれません。精神面より先に悲鳴を上げ始めたのは僕の体です。

体に起こる異変

ある日から胃が痛くなり、1時間に1回はトイレに籠らないといけないくらいに胃の痛みが激しくなっていきました。晩御飯を食べた後にさらに焼肉を大量に食べたときのように胃が気持ち悪く、ずっと胸焼けしているかのような、そして誰かが僕の胃を針でチクチクしているようなそんな感覚でした。

次に頭頂部の髪の毛が抜け始めました。学生時代プライドが高く、自己愛も強かった僕の精神面が一気に弱り始めました。

毎晩頭を洗うとき手につく抜けた髪の毛、毎朝起きるたび枕に残った髪の毛、明らかに普通の人の量ではなく、程なくして僕の頭には十円ハゲができました。周りの人の目線が嫌という程気になるようになって、周りの人がみんな自分の仕事の不出来を笑っているのではと、そんな妄想にかられビクビクと毎日を過ごしました。

その当時僕は様々な役職の人が集まる大阪の店舗で働いていましたが、同じく大阪の店舗で勤務していた営業部長ともうまくいっておらず、職場に出勤するのが本当に憂鬱でした。

しかしプライドの高い僕は、友人や家族にもそんな弱い一面を見せることができず強がって、毎日をイキイキと生きるビジネスマンを演じていました。この時期の約半年後に僕はこの仕事をやめるのですが、今思うと必死に闘っていた自分が誇らしいです。体が悲鳴を上げてもなお、半年間も頑張った自分を本当に褒めてあげたいです。

退職の決断

そして２０１４年春、直属の上司に退職の意思を告げ、２０１４年４月７日付で、僕は退職しました。

ここからしばらくフリーターとなります。僕は学生時代に優勝経験のあるダンスを活かして働くべくダンス関係の仕事を探し始めて、ある事務所にて事務のアルバイトとして採用していただきました。このとき、確か２０１４年６月ごろだったかと思います。

アルバイト以外の時間は、ダンスを練習するか、自分が出演できるダンス関係のイベントを調べあさり、将来仕事につながっていきそうなものには片っ端から参加するというアルバイトとダンスの生活が始まりました。そしてその事務のアルバイトで僕はまたまた自分の不出来に苦しむことになります。

挑戦と挫折

前職での苦い経験から、僕は仕事内容をすべてメモ帳にメモし、いつでも確認できるところにメモ帳を置いて、かつその日覚えた仕事はその日中に復習して、ミスを起こさないようにと手を打ちました。

きっと自分は今まで他の人たちが当たり前のようにしているこういう努力を怠っていたんだ。これでもうミスしない！　と意気込んでいました。

しかし、その思いは意図も簡単に砕けます。

仕事内容は主にＥｘｃｅｌへのデータ入力でした。会員のお客様の名前、住所、電話番号などを順に入力する仕事です。僕はブラインドタッチが得意なので、仕事を早く終わらせることができました。

そして仕事を終えると、ミスがないようにチェックしました。仕事が終わったことを上司に伝え、そして17時頃に帰宅しダンスの練習に励みました。

「今までのミスばっかりの自分とはもう違うんだ。必ず成功してやる」と。

そして次の日に出勤すると、次のような言葉を上司からもらうのです。

「あ、玄太くん。昨日何箇所か入力間違えてて、玄太くんが帰ってから○○さんが訂正してくれたよ。今後慎重に、気をつけてね」

僕は「そんなはずは!!」と思いました。データ入力後にチェックもしています。何かの間違いではと思いましたが、次からはもっと気をつけようと、データ入力後により慎重にチェックするようになりました。

しかし、次の日からも同じようなことが続きます。

「玄太くん、慌てなくてもいいからミスなく慎重にね。頼むよ」

僕は、僕がデータを入力した後にわざわざ誰か他の人がデータを入れ直して僕をハメようとしているのではないか、という考えが浮かんでしまうくらい信じられませんでした。

そして僕はどんどん自信を失っていきます。こんなできて当たり前のことで毎日毎日注意される自分が情けなくて情けなくてたまりませんでした。楽器の営業マンを辞めたときは、ダンスを活かして独立してやると意気込んでいましたが、このケアレスミスだらけの現実を突きつけられ、「独立どころではない、まず当たり前のことを身につけてもっと勉強しないと」と考えるようになりました。

2度目の転職。今度こそ！

２０１５年1月1日、会計ソフト販売・ＩＴ事業をメイン事業とする大手企業に転職しました。ここでは主に法人営業を担当しました。法人営業は営業先で社長さんや部長クラスの方とお話する機会も多いので、きっと何かビジネスのヒントも得られるだろうと希望を抱いていました。

また会計ソフトを取り扱っているので企業のお金が流れる仕組みなど、将来ビジネスをする上で役立つ知識が山ほどあると考え、ここで働こうと決めました。

初めの3か月、新規の電話がけをメインでしていた頃はうまくいっていました。事務作業も少なくケアレスミスは目立ちませんでした。

朝の9時から夕方17時頃までひたすら電話がけをしており、まずは1日1件でもアポを取ってみろという上司の言葉に応え、僕は1日に3～4件のアポをとり、とても期待されていました。

しかし、自分1人で資料作成やお客様訪問をするようになってから、徐々にＡＤＨＤの特性が猛威をふるいはじめます。

押し寄せるダメ人間感

提出前の見積もりを上司にチェックしてもらった際、
「玄太くん、ここの金額はこれでいいのかな？」
と言われ、自分のミスに気づきました。このとき、僕の頭の中に、自分が今までミスしてきた記憶が一気にフラッシュバックしてきました。本当に嫌な気持ちというか、落ち込んだというか、電話がけで取り戻しかけた自信をまたなくしてしまいました。

その日以降、ミスも目立つようになり、色んな人たちから注意されたり怒られる機会も増えました。その度に僕は自分の不出来に腹を立て、ストレスがたまり、徐々に会社に顔を出すことも嫌だと思うようになっていきました。

そんな調子で２０１５年10月、その会社を退職するところまで精神的に追い込まれてしまいました。

退職直前はろくに出勤もできず、２週間の休養の末お腹がちぎれそうになりながら、やっとの思いで退職願を提出しました。

しかし、いつまでも働かないままでは精神衛生上よくありません。どんどんと自己嫌悪に陥ってしまいます。

失敗と転職のループでやっと気づいた自分の特性

僕は２０１５年12月、派遣社員としてまたも営業をすることにしました。時給は１４００円。平日の９時〜17時が定時で、多いときには月に33万円ほどの給料も入り、悪い仕事ではなかったと思います。さらに事務作業の内容も前職よりかなり簡単になり、僕の精神的負担はかなり減りました。

しかし、仕事内容がどうあれミスをしてしまうのが僕です。メールの送信先間違い、資料の不備、見積もりの内容間違い、誤字脱字、スケジュール間違いなど。

僕はいよいよ、自分の脳はどこかおかしいのではないかと考えるようになりました。

その頃、学生時代を共にした親友が「俺はＡＤＨＤだ」と言ってとても苦しんでいました。ＡＤＨＤが一体なんなのかわからなかった僕は、インターネットでＡＤＨＤについて調べました。ホームページに書かれていた症状は、まさに僕そのものでした。

そのとき初めて、自分は発達障害なのだろうかと意識するようになり、日に日にその確信を強めることとなりました。そして絶望感にかられてしまいました。

僕はどんな簡単な仕事でもミスしてしまうどうしようもない人間だ。こんな障害があるのに、一体これからどうやって生きていけばいいのだろう。当たり前のことを当たり前にできない僕なんて、一体どんな会社が、どんな人が必要としてくれるのだろうかと。

大学を卒業してすぐの頃の野心はどこへいってしまったのか、僕は消極的になっていました。

3　転機と天職

親友「亮くん」の存在

しかしそんな中、勇気をくれたのはＡＤＨＤの親友で大学時代のダンスのチームメイトである亮くんです。全国大会を共に駆け抜けた仲間です。彼はＡＤＨＤを診断されたその日、仕事をサボって昼間からビールを飲んでしまうほどに、自暴自棄になっていたようですが、僕にはその苦しみがわかりました。

その彼が、ＡＤＨＤを前向きに受け止め、何とかしてビジネスで成功してやろうと奮起していたのです。僕も立ち止まってはダメだと思い、チームメイトにＬＩＮＥで相談し、再び転職活動を始めました。

天職に出会った僕

僕は今までの失敗を踏まえていろいろと考えた結果、ホットヨガスタジオの企業で社員のヨガインストラクターとして働き始めました。事務作業の割合はかなり減り、何とか上手くやっていけそうだと感じたのを覚えています。

初めて職場で自分がＡＤＨＤであることを公言し、カミングアウトできたことで少し楽にもなりました。同じ場所で働く受付のアルバイトさんにとてもよくしてもらって、仕事終わりによく飲みにつれていってもらい、仕事の中で起こる僕のケアレスミスや不注意のことについて悩みを聞いてもらったりしていました。

そして僕の心境に変化が起こりました。ＡＤＨＤは神様から僕への贈り物だと、そう考えることができるようになってきたんです。自分の将来を悩む僕に

「同じ悩みを持つ人たちを助けなさい。それがあなたのライフワークです」

と神様に言ってもらったような気持ちでした。

ＡＤＨＤフラッシュバック

ある日突然事件が起こります。

僕はホットヨガスタジオで社員インストラクターとして順調に働いていていました。

しかし事務作業の割合がかなり減ったとはいえ、やはりケアレスミスや抜け漏れが目立つので日々改善策を模索しながら業務をしていました。

事件の前日、僕はいつものようにミスで怒られ、注意されて、その注意をよく聞いていました。

その日注意された内容は、「僕の笑顔がとてもぎこちないからもっと自然に笑わないと、変にイキってる奴みたいでお客様も気持ち悪がるんじゃないか」というものでした。

日々注意されていた基本的な業務の上に、僕は自分を否定されたような気になって、ずいぶんと

落ち込んだのを覚えています。

いつも通り仕事から帰っても、なんだか気持ちが重く、

「今日はもう早めに寝よう」

と思い、布団に潜り込みましたが、なかなか寝付けなかったような気がします。

気づいたら朝が来て仕事に行く時間になっていました。母親につくってもらった弁当を手に家を出たのですが、電車に乗ると僕の頭の中に強烈に嫌な気持ちが押し寄せてきました。

仕事に行くのが辛い。誰にも理解してもらえなくて辛い。もうどうでもいい。人生を投げ出したい。知らない間に蓄積されていたストレスが爆発した瞬間でした。

独りで生死を見つめる7日間

衝動を抑えられず、気づいたら僕は新幹線に乗り、東京へ向かっていました。職場から、家から、僕を知ってる人がいる場所から距離を取りたかったのかもしれません。

スマホの電源を切り、一切の連絡手段を遮断して、僕はすべてを投げ出し、もう何も考えられなくなっていました。極度の鬱状態だったのでしょうか。とにかく楽になりたい。その一心でした。

東京駅についてからその日夜まで何をしたのか覚えていないのですが、僕はその日の夜新宿にあるカプセルホテルに泊まっていました。寝る前に、「誰かから何か連絡が来てるのかな」と恐る恐るスマホの電源を入れました。

このとき、母から連絡が入っており、その内容は、職場に多大な迷惑をかけるこんなやり方は間違っているから、今すぐ職場に電話して謝罪しなさいというものでした。もちろん母の言うことが正しいことはわかっていました。

僕は20代後半にもなって、またこんな当たり前のことで母親から注意される情けなさと、解消されないストレス、理解されない苦しさから、人生の幕を閉じようかと考えるようになりました。

このとき母に、もう何も言わないでほしいという内容のメールをしたのを覚えています。そしてまたスマホの電源を切り、寝たというのか落ちたというのか、気がついたら朝でした。

そこから1週間、新宿のカプセルホテルの周辺でただボーっとしたり、映画館をウロウロしたり、銭湯に入って休憩スペースで寝たり、本当にただそんなことだけしていました。

頭の中では常に「これからどうやって生きていこうか。生活保護を受けながら何もせずにただ時間を過ごそうか。そんなことすら考えるのも面倒くさい気もするし、一層のこと死んでしまったほうが楽なんじゃないか」だとか考えていました。

このときの僕のスマホの検索履歴上位3件が「富士の樹海、自殺の名所、自殺の方法」です（笑）。今となっては笑い話ですが、当時は思い詰めていて、いつ河口湖駅に向かっていてもおかしくありませんでした。

それでもやっぱり自殺しなかったのは、心の奥底で「幸せに生きたい」と考えていたからなのかもしれません。

4　ファイブエレメンツヨガとの出会い

フリーランスという選択

1週間経って自堕落な生活にも疲れ、大阪の実家に帰ったものの、家族に合わせる顔もなく、自分の部屋に1か月程引きこもっていました。

その間、友達からＬＩＮＥで励ましのメッセージをもらったりしながら、僕の心は少しずつ回復していきました。しかし、もう一度頑張って生きていこうと思えるまでにとても時間がかかったように思います。

そしてよく飲みにつれていってもらったフロントのアルバイトさんにまた話を聞いてもらい、僕はフリーランスのヨガインストラクターとしてまた働くことを決めました。

事務作業などはなくなり、精神的なストレスが減って、僕は落ち着いて働ける環境を取り戻しました。そして自分でヨガを勉強していく中で、僕はフィロソフィー・オブ・ファイブエレメンツヨガ（以下、ＦＥＹと略します）を伝える山本俊朗先生に出会います。

ＦＥＹで落ち着いた頭の中

ＦＥＹは自然の法則性をその哲学や体の動きに取り入れたヨガであり、僕たちが自分と向き合い、ありのままを受け入れ、内側にある可能性を引き出していくヨガです。

これはまさしく発達障害を持つ僕たちが特に強く意識すべきことだと思います。FEYを深く学んでいく中で、僕は生まれ持った自分の特性と向き合い、受け入れ、自分にできることを認識し、自分の力を人のために役立てていこうとまで思えるようになりました。

また実際に僕は注意欠陥によるケアレスミスなどが少なくなり、衝動もある程度コントロールして落ち着いて物事を判断できるようになった自覚があります。

そうして日々を過ごす中で、仕事の幅も広がっていき、今では様々な場所でヨガイベントを開催しており、どれもたくさんのお客様で賑わっています。本当に超超超幸せです。

FEYに出会って気づいたことは、FEYには発達障害を持つ当事者が学ぶべきことが詰まっているということです。その哲学はもちろん、呼吸法を意識してヨガポーズを実践することで、頭の中が落ち着き、困った注意欠陥、多動性や衝動性を抑えるのにも役に立つということです。

これは実践している僕の確かな体感です。海外では医療機関でも積極的にヨガを取り入れていたりするので、僕のような人にもヨガはとても効果的だったということだと思います。

グレーゾーンの僕も幸せに生きられる

仕事も順調に進み、お金も貯められるようになって、自信を取り戻した僕は、この本を書こうという思いに至ったのです。本を書こうと思って初めて東京の心療内科で問診と検査をしてもらいましたが、結果は「ADHDという診断が降りるラインまではいかないが、ADHD傾向にある」つまり、グレーゾーンだということでした。きっとサラリーマン時代に診断を受けていたら、結果はバリバリのADHDとなったでしょう。

グレーゾーンでも僕は今自分の力で歩けている感じがします。経済的にも自立できました。たくさんの方からお仕事の依頼が舞い込んで、本当に嬉しい限りです。

さて、僕の思い出話は一旦終わりにして、これから皆さんには、僕が仕事の現場や人間関係において、自分の特性に対処しようと試行錯誤してきたこと、そこから学んだこと、お金の認識や衝動のコントロール法、当事者の友人から得たADHDへの対処法、FEYの役立つ知識と教え等を共有していきます。

5　そもそもADHDとは

本書を読む人はADHDに関心のある人が多いかとは思いますが、初めてADHDを知る人のために、少しだけご説明いたします。

「もう知ってるよ」という方はこのチャプターは飛ばしてもらって構いません。

ADHDは脳の発達障害の中の1つです。

そもそも発達障害とは、平成17年4月1日より施行された「発達障害者支援法」によると、次のように定義されています。

発達障害の定義

「自閉症、アスペルガー症候群とその他の広汎性発達障害、学習障害、注意欠陥・多動性障害、その他これに類する脳機能の障害であって、その症状が通常低年齢において発現するもの」とあります。

それぞれの発達障害について少し解説します。

①：アスペルガー症候群（高機能自閉症）

これは自閉症の中でも知的障害が少ない、あるいはないものを指しています。

要は知的に成熟しているにも関わらず、もしくは年齢に相応しい知的レベルにあるにも関わらず、人とのコミュニケーションや社会性に障害があり、コミュニケーションが極端に苦手、もしくは困難であったり、よい人間関係を築くことが苦手な人だと解釈できます。

また特定のものに対するこだわりや極端に高い集中力などの特徴もあります。

アスペルガー症候群については幾つかの異なる定義や診断基準があり、それらが必ずしも同一ではないために混同される場合があります。

②：注意欠陥・多動性衝動性障害（ＡＤＨＤ：Attention Dificit／Hyperactivity Disorder）

ＡＤＨＤですね。大人になってから自分がＡＤＨＤだと気づくタイプの方は、知的レベルに比べて明らかに不注意・多動・衝動の症状が強いということがあるのではないでしょうか。小学生だと静かに話を聞いていられなかったり、椅子から1人立ち上がってほかの人と違うことをやり始めたり、毎日消しゴムがなくなったり、お道具箱の中がものすごく汚かったりしますね。ちなみに僕は本当に毎日消しゴムと鉛筆がなくなり、お道具箱の中はパッと見ゴミ箱のようでした（笑）。

僕は社会人になってから、自分の精神年齢に比べて明らかに不注意や多動・衝動が強く、ＡＤＨＤだと自覚しました。僕はグレーゾーンとのことですが、僕でグレーゾーンなら重度の人は一体どれだけ大変なんだろうかと感じます。

ＡＤＨＤの人は不注意による忘れ物やケアレスミスが非常に多く、優先順位をつけて仕事をこなしたり、計画性を持った判断やお金の管理などが大変苦手です。また心にストレスがかかったり、期日に追われて焦ったりすると、注意欠陥に拍車がかかり、ケアレスミスや忘れ物などを多発してしまうのも特徴ですね。

③：学習障害（ＬＤ：Learning Disorder）

読み書き算数の障害が代表的であると考えられています。

小学校の入学時に学習の遅れから発見されるケースが多いようです。

しかし学習障害だから知的レベルが低いといったことではなくて、学習障害を持っていながら高い学力のある人が多くいらっしゃいます。

「学習障害＝勉強ができない」ではありません。

これらに明確な線引きはなく、③学習障害は単独で存在することがありますが、①アスペルガー症候群や②ＡＤＨＤはそれぞれ混在する場合も珍しくありません。

発達障害は才能？

発達障害は確かに性格の一部ととらえられるところもありますが、パッと見た目でその人が発達障害かどうかわからないケースが多々あるので、周りからの理解が得られずに苦しむことが多い現状があります。

また発達障害は病気ではないので薬を飲んだから治るといったものではありません。一生上手に付き合っていく必要があります。

発達障害と付き合っていく上で大切なことですが、それぞれの障害の行動特性から才能や得意分野を見つけ出し、それを伸ばすことが非常に大切だと僕は思います。

ＡＤＨＤの過集中や多動は生まれながらに与えられた才能です。どのように生かしていくかが大切なのです。その方法は後ほどしっかりと解説していきます。

発達障害の全容が、少しはつかめましたでしょうか？　それを踏まえて次に日本の現状を見ていきましょう。

6　大人の発達障害が増えてきた背景

本当に増えているの？

近年よく耳にする大人の発達障害ですが、発達障害をもつ人が増えてきたと言うよりは、発達障害の診断基準ができて、病院で「あなたは発達障害の疑い（傾向）があります。」と言われる人が増えたということですね。

50年前にも100年前にもおそらくグレーゾーンの人たちを含め僕たちのような人は数多くいたと思われますが、発達障害が世間的に認知されていなかったり、そもそも発達障害という概念もなかったりしたわけです。

「まあ人よりおっちょこちょいなやつなんだな」とか、「人と話すのが好きじゃないんだろう」というふうに、その人の個性（性格）として捉えられていたのだろうと思います。

少しずつ社会の理解も進んでいるが・・・

昨今は社会的認知も進んできて、有り難いことに発達障害者が働きやすいようにと体制を整える企業も増えてきました。素晴らしいことですね。

ですが、まだまだ一般にその正確な理解は浸透していないと思います。

２０１８年度の厚生労働省の調査によると、約48万１０００人もの人たちが発達障害の診断を受けています。これは、20人に１人が発達障害をもっているということになります。

しかしながら、世間的な認知度が低いと言わざるを得ない次のような現状があります。

「アスペルガー？　ＡＤＨＤ？　よくわかんないけど脳に障害があるんでしょ？」と、発達障害の存在が知られている程度で、子供であれば学校生活が上手くいかずに虐められたり、大人であっても職場で「使い物にならない」と厄介者扱いされ、鬱などの二次障害に陥ってしまうケースも多いようです。

見た目は普通なのに、他の人が当たり前にできることができなかったりするので、「空返事で話を全然聞いていない不真面目な奴」というような印象を与え、どんどん信頼を失っていくといったことが日本中で起こっています。

発達障害でも活躍できる

一方で、発達障害でありながらその気質を強みに変えて大活躍している著名人も何人もいます。ハリウッド映画俳優のウィル・スミスさん、同じくハリウッド映画俳優のトム・クルーズさん、映画界の巨匠スティーブン・スピルバーグ監督、徹子の部屋でおなじみの黒柳徹子さん、ネガティブなモデルとして人気を博した栗原類さん、人気バンドSEKAI NO OWARIの深瀬慧さん等の人たちは、そのたぐいまれなる才能を開花させてたくさんの人に感動を与えることができる人であり、Ａ

ＤＨＤ当事者とのことです。スティーブン・スピルバーグ監督のJAWSやジュラシックパーク、マイノリティリポート、ターミナルはもう何度観たかわかりません（笑）。

ＡＤＨＤだからこそできることは、きっと山ほどあると思うのです。他にもビジネス界でもＡＤＨＤを持ちながら活躍している人たちは数多くいますが、彼らの共通点は、「好きなことをしていること」ではないでしょうか。そう考えると、僕たちは生まれながらにして好きなことをやって生きていくことが決まっているような、そんな嬉しい気持ちになりませんか？

「自分にはできる」という感覚が大切

「自分には無理」そう思ったあなたは自尊心が低下してしまっています。発達障害とうまく付き合って幸せに生きていく上で重要なのが、この自尊心を高めることです。自尊心を高めていくプロセスについては第3章で詳しく解説します。

大丈夫。あなたにもできます。あなたも幸せに生きられます。

「本当に幸せになれるの？」

と言いたくなる気持ちはとてもわかります。僕も少し前までは、幸せになんてなれないって思っていました。でも大丈夫なのです。

自分にはできると思うと、あなたは幸せになるための行動を起こそうとします。だからこの自尊心が大切なのです。

7　僕たちは幸せになれる

幸せは気づき

「今幸せですか？」

こう聞かれたら3年前の僕は

「いいえ。もう生きていても死んでいても同じなんじゃないかって思います」

と答えていたと思います（笑）。

今では笑えますが、当時は本当に苦しかったのです。ところであなたは今、どうですか？　もし今胸を張って答えられなくても大丈夫です。あなたは幸せであることを感じながら充実した日々を送れるようになります。

発達障害を持つ人たちは、日常生活で幸せよりも不自由や生きづらさを強く感じている人のほうが多いかもしれません。

辛いですよね。わかります。

でも僕が学んでいるＦＥＹでは「幸せになれるのか」という考え方がそもそも違うのですよね。幸せはすでにあなたの中にあるもので、それにあなたが気づいているのか気づいていないのかということです。

幸せってただの考え方なの？

ここで先に言っておきますが、僕は「幸せ」というものを精神論で終わらすつもりはありませんのでご安心ください。

僕は今の日本社会において「幸せ」というのは、肉体的にも精神的にも経済的にも満たされて、自己実現して周りの人にもいい影響を与えられるようになることだと思っております。なので、本書もそういう視点でお話します。

しかしながら、幸せを感じて生きていくためには、先ずは精神的な部分の話が非常に大切ですので、先に心のお話をします。自分の心で幸せを感じることなくして、肉体的にも経済的にも満たされることは決してありません。何かほしいものが手に入ってから幸せを感じるということはないのです。幸せを感じて感謝の気持ちで日々生活しているからこそうまくいくのです。この順番が逆になることは絶対にありません。心が常に幸せを感じることがとても大切ですので、まずは心の話です。

先ほども言いましたが、あなたは既に幸せなのです。

当たり前の有難さ

あなたは今、ご飯を食べられて、本書を読むことができる教養があって、生きています。しかしながら世界には、毎日銃弾が飛んできていつ死んでもおかしくない国もありますし、字も読めず、とにかく明日を生きるお金を稼ぐために盗みをはたらいたり体を売ったりと、そんな国がざらにあるのです。つまり、もうあなたは日本に生まれてる時点でものすごく幸せなんですよね。

でも幸せを感じられない。それは何故なのでしょう？

1つの理由は、誰かの物差しで図った幸せの枠に自分を当てはめて考えていること。つまり、他人と自分を比較して、現金が1000万円ない自分は幸せじゃない、彼氏彼女がいない自分は幸せじゃない、ケアレスミスが多い自分は幸せじゃない、忘れ物が極端に多い自分は幸せじゃない、と熱心に「幸せじゃないもの探しゲーム」をしているのです。それ疲れませんか？

比較して落ち込むことに何の意味もありません。自分から不幸になっていっているようなものです。どうせなら「幸せなもの探しゲーム」のほうがよくないですか？

あなたは幸せ

あなたはもうすでに幸せなんです。早くそれに気づいて感謝すればいいのです。

あなたには綺麗なものや魅力的なものを見たり本書を読める目があります。あなたには実家の安心する香りや大好きな生姜焼き定食の匂いを嗅ぐ鼻があります。あなたには美しい音楽やあなたへの愛を囁いてくれる人の声を聞く耳があります。あなたには自分が興味惹かれるものを掴んだり誰かと握手する手があります。あなたにはあなたを遠くへ連れていってくれる脚があります。

ここでは重度の身体障害がある場合ではなくあくまで一般的なことを言っています。身体に障害がある場合でも、心臓が動いていてこの地球という美しい星の様々なものを感じられるのです。

これだけたくさんのものを生まれながらにして持っていて、何故わざわざその目で嫌な情報ばかりを見て嫌な気持ちになって、自分から幸せな気持ちを遠ざけるのでしょうか。

「今日も幸せだね」って言ったほうが幸せですよね。「あったかい布団で寝られて幸せだなあ」でいいじゃないですか。

毎日毎日愚痴や不満ばかり言っている人で、幸せそうな人を僕は見たことがありません。幸せそうな人たちは決まって、

「ありがとうね」

「感謝してるよ」

「いつも周りの人たちが助けてくれる」

と口癖のように言っています。そりゃ幸せですよね。ちなみに僕も今、超がつくほど幸せです。

感謝が幸せを連れてくる

他人と比較するのではなく、いろんなことに感謝すればいいのです。いつも一緒にいてくれる家族、自分を助けてくれる友達、笑顔で話してくれた人、お給料をくれる会社、働くチャンスがあること、挑戦の機会があること、ＡＤＨＤだったからこそできた経験があること。あなたはこれから、これらのことに「ありがとう」という感謝の気持ちを持って生活するのです。感謝を習慣にしてい

る人はすべてがありがたいと思えます。

今日もおいしい目玉焼きが食べられてよかったな。なんて幸せなのだろう。こう思うことができたら、本当に幸せです。僕は毎日こんな感じで生活しているのでものすごく幸せです。

ここまでお話すると、

「日常生活も仕事も何もかも上手くいってないのに、そんな気持ちでなんか過ごせません」という声が聞こえてきそうですね。そう思う気持ち、僕は痛いほどわかるのですが、それだとうまくいかないのです。順番が逆なのです。

上手くいってから感謝するのではなくて、感謝するからうまくいくのです。

8　FEYから学ぶ感謝の力

Five Elements Yoga®の視点で考える

さて、感謝するから幸せになれるという話をしましたが、それをFEYの視点からお話しますので少しだけお付き合いください。
FEY（正式名称：Philosophy of Five Elements Yoga®）の定義は
「空、地、水、火、風の5つの元素を用いて心身を本来あるバランスのとれた状態に導くヨガ」です。
この5つの元素（以下、五大元素）は仏教にもある昔からの教えで、五大元素が世界のすべてを構

〔図表１　【ＦＥＹの元素表】＋【五大元素のイメージ】〕

FEY®哲学　幸せに生きる方法

元素	マインド	行動
空	幸せ・初心	1. 自分を受け入れる
風	自由・挑戦	5. 挑戦する
火	情熱・知恵	4. 知識や知恵を付ける
水	可能性・変化	3. 人に感謝して恩を返す
地	安定・決意	2. 環境を整える

循環

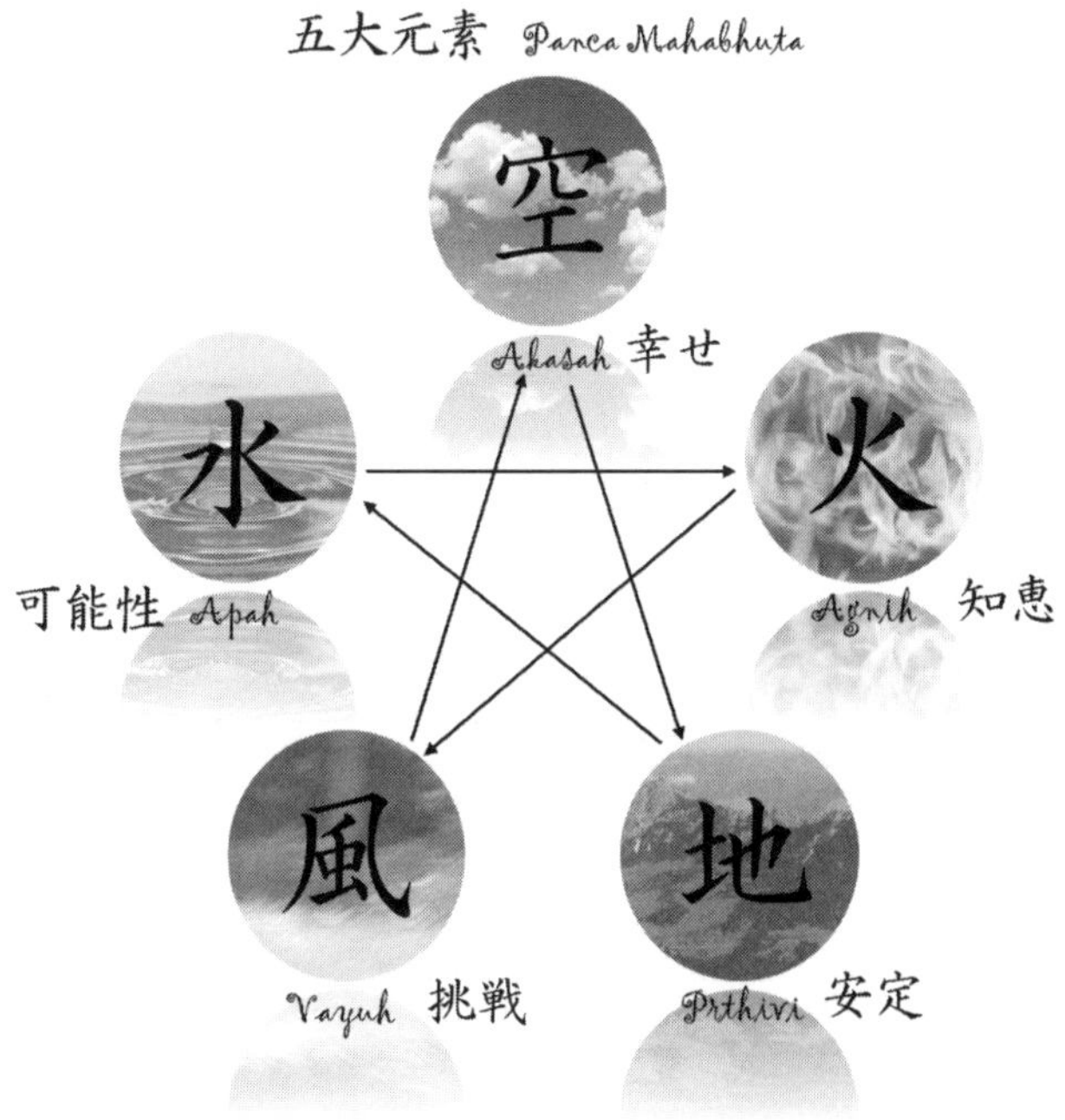

成していると言われています。五大元素はそれぞれの元素ごとに、図表1のように心の状態を表します。

自然の法則で世界は周っている

5つのエネルギーは自然の法則性にのっとり、空→地→水→火→風→空…という順番で循環しています。話が少し抽象的なので、具体例で考えてみましょう。

木が育つときのことを考えます。

まず空間（空の要素）があって、そこに種をまくと種が大地に根を張ります（地の要素）。根から水分を吸収し（水の要素）、太陽から光（火の要素）を受けて上昇エネルギーに変えて上に向かって成長し、枝葉を自由に伸ばして広がっていく（風の要素）。自然はすべてこの五大元素の法則で成り立っています。

それでは次に、僕たち人間の成長についてこの五大元素を当てはめて考えてみます。表に記載しているそれぞれの元素に対応するマインドを例に考えると、次のようになります。

僕たちは既に幸せであり（空）、環境や気持ちが整うことで安定感が生まれ（地）、自らの可能性を引き出して他者のために役立てて（水）、情熱を燃やし知識や知恵をつけ（火）、真の自由を得られる（風）。そしてまた自分が幸せであることに気づく（空）。

この自然の摂理に沿うようにすると、あなたも必ずうまくいきます。

ちなみに、本書もこの法則に則って書いております。

第1章　イントロダクション
第2章　空　幸せに気づき、自分を受け入れる
第3章　地　環境を整えて自尊心を育み、安定感をつくる
第4章　水　あなたの可能性を他者のために役立てる
第5章　風　強みを発揮して挑戦し、自由に生きる
第6章　火　知識や知恵を会得する
※本のわかりやすさを重視して、風と火の順番を入れ替えています。

幸せは自分で選択する

さて、話は戻りますが、あなたがすでに幸せであると言いましたね。僕は僕が幸せであることに気づいています。あなたは幸せであることにまだ気づいていないのかもしれません。ただそれだけの話です。

「自分は絶対に幸せじゃない」と思う方は、不幸でありたいのかもしれません。「そんなわけないじゃん！」と思いますか？　でもそうなのです。自分が幸せであることを認めてしまうと、日々の辛い経験や苦しい出来事まで幸せだということになってしまうから、そう思うのが怖いのかもしれませんね。でも幸せという感情は周りの人の行動や環境が決定するものではありません。あなたの

心が選んでいるのです。

あなたより全然ご飯を食べられなくて、やせ細っているアフリカの青年でも、「僕には夢があって…」と目をキラキラさせながら話すのです。銃撃戦の絶えない地域でも、幸せを感じながら生きることはできます。彼らは自分の意志で、幸せを感じて生きることを選び、不幸な考えは手放しているのです。

あなたも早く「不幸なんだ」という思い込みを手放すといいですよ。手放すことがどういうことか、お話しますね。

9　心の断捨離で気持ちを軽く

執着を手放しましょう

執着を捨てると楽になれます。あなたも早く「自分はなんて不幸なんだろう」という執着を手放しましょう。

人は一般的に、苦労して手に入れたものを誰かに奪われまいと執着します。何かの質を高めようとこだわることはいい側面もありますが、こだわりと執着は表裏一体で、それが足かせとなることも多々あります。

売れないラーメン屋さんが「この伝統の味を守るんだ」と言って、全然お客様が求めてないラーメンを出し続けて味を変えないことにこだわる（執着する）とお店は潰れてしまいますよね。

執着を手放すと、お客様が本当に求める味はどんな味だろうかと、他の売れているラーメン屋さんに調査に行ったりできます。ラーメンの味以外に何が違うのだろうと接客応対がよくなったり、味以外のサービスにも磨きがかかってくるわけですね。

不幸も手放す

さて、「自分はなんて不幸なんだ」という執着を今すぐ手放すとどうなるでしょうか。あなたは幸せになるのです。理解し辛くても、これは真理です。満員電車で誰かと肩がぶつかったとき、あなたは「肩がぶつかってイラっとした」とイライラする感情が災害みたいにあなたに降りかかったように言いますが、それは違います。

イライラをわざわざ選んでいるのはあなたです。肩がぶつかったくらいで自分を不幸にしてはいけません。ぶつかった相手を気遣って「大丈夫ですか。怪我はありませんか」と自分が幸せになる選択を自ら行うのです。

無駄なこだわりも手放す

しかしながらそういう僕も社会人になりたての頃、かっこいい起業家像を自分の中につくり上げ、絶対にそういう男になるんだとこだわってその考えに執着していました。

今になって、何でそんなことに執着していたのだろうかと考えると、理由は2つあります。1つ目は皆と同じことができない自分を認められていないということ、2つ目は好きなことから逃げていたということです。

プライドを手放す

前者についてです。

僕は毎日毎日忘れ物や契約書の誤字脱字などのケアレスミスで怒られ続けていました。ですが、大学時代のダンス全国大会優勝によって「自分は大きなことができる人間なんだ」というプライドがあり、ケアレスミスで怒られ続ける自分を認められていませんでした。

自分は起業して大金持ちになるんだ！　と躍起になって、リーダーシップや効率的な仕事術、お金の運用方法などの本を読み漁り、ケアレスミスをどうするかという目の前にある問題に向き合うことを避けていたのです。それでうまくいくはずがありません。認めるのに3年かかりました。

手に入れたものを手放す

後者についてです。

結論から言うと、僕が心の底からやりたいと思うことはかっこいい起業家になることではなく、ダンスのように身体を動かすことでそれを人に教えることだったのですね。ところが僕はダンスで真っ向勝負するのが怖くて、起業家を目指して頑張っていれば他の人からも凄いと思われると考え、好きなことから逃げた自分を正当化していたのだと思います。

ダンスの世界は厳しくプロダンサーでも副業をしないとご飯を食べられない人も多いのです。全国大会で一度優勝したからといって、ダンスの仕事で引く手数多になるかというと決してそんなことはありません。それなのに、大学時代のダンスの全国大会優勝の経験を手放すこともできず、「社会に出てこのダンスで培ったものが生かされないなんて有り得ない」という考えも持っていて、なんともややこしいこと考えていたなあと思います。

この2つの執着を手放すことができたのは、と言うより手放さざるを得なくなったのは、人生に疲れてしまい、いよいよ自殺を考えるようになってやっと大切なものに気づいたからです。

好きなことは幸せの源

その大切なものとは「好きなことに没頭すること」です。

思えば今までハマった絵もピアノもダンスも、没頭していたのでどんどんスキルも上がり、時間を忘れて取り組みました。周りの人たちからすると物凄く努力しているように見えたかもしれませんが、僕は全く努力したなんて感覚はなくて、ただただ好きなことをしていただけです。

そういう好きなことに没頭する時間が、僕の人生には何物にも変えがたかったということです。

そう、これらをしている僕はとても幸せだったということにやっと気づいたのです。僕は大切なものに気づいた途端、「大金持ちになる！」や「ビジネスで成功しなければ！」といった執着を手放すことができました。

結果今の僕は、この頃よりも経済的にも豊かになっています。前のチャプターでもお話しましたが、心が変わるのが先で、その後に幸せが自然とついてくるのです。それが自然の摂理です。

好きなことに熱中する

話は戻りますが、ADHDで仕事がうまくいかなくなったからこそ、うまくいかないことやできないことに一生時間を割くよりも、勇気を持って好きなことを仕事にして生きていこうと思ったのです。結果、サラリーマン時代に同じ仕事が1年と続かなかった僕が、もうすぐヨガインストラクター5年目になります。前よりお金も稼げていますし、何より毎日が楽しくてたまりません。楽しいので新しいアイデアもどんどん出てきます。そして今僕は本を書いています。なんだか不思議です。

こういう話を友達としていると、「好きなことを仕事にできて凄いね」と言われたりしますが、凄いも何も、探していて出会ったというだけなのです。僕には好きでもないことを我慢して続けている人のほうが超人に見えてしまいます。みんな好きなものに出会う方法を知らないのです。探し方をわかっていないのです。それについてはまた第3章からお話しますね。

まずはあなたの中の執着を手放すこと。手放すと、気持ちが軽くなりますよ。

2章

自分を受け入れる

五大元素 Panca Mahabhuta
空
Akasah 幸せ
水
可能性 Apah
火
Agnih 知恵
風
Vayuh 挑戦
地
Prthivi 安定

1　ただ事実を分析する

僕たちは何をすべきか

ここからは僕たちがより快適に幸せに生きていくために具体的にすべきことを書いています。この第2章のテーマは自分を受け入れることです。自分の特性をよく知って、そんな自分を認めましょう。自分を否定して認めなければいつまで経っても状況は変わりません。ありのままを受け入れ、より豊かに幸せに生きていくのです。

そのためにあなたがまずすべきことを書きました。あなたの生活をよくしていく方法、生きづらさを乗り越えていく方法等です。準備はよろしいですか？

事実を分析する

自分を受け入れることの第一歩としてまず何よりも大切なこと、それは「自分の特性を認め、理解すること」です。これができずに苦しんでいる人が多く、僕の周りにもいました。

例えば、自分がＡＤＨＤであるということになんとなく感づいているけれども、みんなと同じように仕事が同時並行できないという事実を受け入れることができていない人がいるとします。そういう人は、上司に「ＡとＢとＣやっておいて」と言われても、

「私は仕事を1つずつしかできません。先にAだけやりますので、この仕事が終わってからほかの仕事の指示をいただくことはできますでしょうか」

という提案ができません。

自分を受け入れられず「はい！」と返事をして、できるはずのないことを頑張ってしまうのです。その結果やっぱりできないので、また同じことで怒られて自信をなくしてしまいます。そしてその生きづらさから抜け出すことができないのです。

子供の特性を勝手にあなたが否定しない

親御さんが子供のＡＤＨＤを受け入れられない場合でも同じような負の連鎖が起こります。いつまでも子供がＡＤＨＤであることを認められないが故に、日常で起こる様々なことへの対策が打てなかったり、子供に何か伝えるときに適切な伝え方ができずに子供の自尊心を低下させてしまったりということが起こります。

まずはただ事実を認めて分析することです。そうすることで、幸せな暮らしのために、具体的にどんな行動を起こしていけばいいのかが明確になります。相手が子供であっても自分であっても大切なことは受け入れること。勝手にあなたが事実を否定してはいけません。

事実は受け入れて、よし悪しは判断しないのです。

僕も以前は心のどこかで僕がＡＤＨＤである自分を否定して、周りにも隠して自分でも気づかないふりをして生きていこう。とそんな風に考えていました。自分を認められない僕は、次のようなことを考えていました。

「何歳になってもケアレスミスで注意される人から変われないのだろうか？」

「やりがいのある仕事に巡り会えないまま死んでしまうのではないか？」

今思えば健全な心の在り方とは言えませんよね。できないことが悪だと思っていたのです。解決方法は簡単で、ただ事実を受け入れて、自分がどうすれば楽に生きていけるのかを冷静に分析すればよかったのです。

2　できることとできないことの整理で自分を理解する

認めると心が楽になる

僕はあるときADHDである自分を認めてあげようと決めました。開き直った感じでもありましたが、できないことは、できる人に助けてもらおうと思ったのです。それは僕にとって大きな変化でした。できないことを無理に頑張らなくていいという思考になったからです。

そして、働く環境をガラッと変えてみました。それまでも何度か転職していましたが、そのとき初めて「ADHDの自分のため」に職場を選んでみました。その選び方ですが、まずは自分のできること（好きなこと）とできないこと（誰かに助けてもらえること）を整理します。

〔図表2　好きなことリスト〕

好きなこと
☑ダンス
☑絵を描くこと
☑音楽鑑賞、ピアノを弾くこと
☑筋トレ
☑頭の中で想像を巡らせること

誰かに助けてもらえること
☑何事もケアレスミスが多い
☑ミスを何度指摘されてもなかなか改善できない
☑よく忘れ物をする
☑見積もりなどの細かい書類では不備が多い
☑二つ以上の作業を同時にすること

適材適所を真剣に考える

こんな自分が輝ける職場ってどんなところだろうと考えました。これらのリストを基準にして、転職先を探したわけです。営業職をやめるのは少し勇気がいりましたが、それ以上に苦しいことから逃げたい気持ちが強かったのです。

結果からいうと、この転職は成功して、ヨガインストラクターとして働き始めました。事務処理や単純作業の割合はかなり減り、ストレスもだいぶ少なくなって、前向きに仕事に取り組めるようになりました。以前ほど事務的なケアレスミスのことを考えなくても流れていく日常が、僕は本当に嬉しく感じられました。

周りの人たちに助けてもらおう

この僕の経験はあくまで一例ですが、できることとできないことをそれぞれリストアップしましょう。このとき、「ああ、自分はこんなにもできないことがたくさんあるんだ」などと思わないことです。

できないことがあって当たり前です。苦手なことは誰かに助けてもらえばいいのです。できないことというよりは、誰かに助けてもらえることと考えるといいですね。誰かに助けてもらえることをたくさん書きだしましょう。

楽観視できるという落とし穴

できること（好きなこと）リストについてはもちろん自分の得意なものでも構いませんし、興味があるけどまだやったことがないことでも構いません。とにかく自分の心がワクワクすること、熱中できそうなことを書きます。

このとき注意していただきたいのは、注意欠陥を発揮しそうだったり、苦手な作業があったりケアレスミスを連発する可能性のあるものは絶対にリストに入れません。ここがとても大切です。僕たちＡＤＨＤの特性をもっている人は、嫌な思い出や経験もケロッと忘れてしまいます。心を壊して前職で追い詰められて退職したのにもかかわらず、転職先を決めていく段階で前向きな気持ちになり、「多少大変なことがあったって、これは自分のやりたいことだからきっと乗り越えていける！」と思ってしまいます。そしてまた転職先で自分の特性によって苦しみ、同じ苦しみを味わうことになるのです。

僕が転職を３回して３回とも失敗したのも、これが理由の１つです。できないことをわざわざ書

〔図表3　できることリスト〕

できること
☑何かの作業に没頭すること
☑笑顔でお客様にいい第一印象を与えること
☑図や絵を描いて見やすい資料を作ること
☑新たな商品やキャンペーンの企画
☑商品POPの作成

誰かに助けてもらえること
☑作業量の多い単純作業をミスなくこなすこと
☑複数の仕事を並行し、期日管理すること
☑Excelシートでの多量のデータ入力
☑文字数の多い文章を誤字脱字なく入力すること
☑多くの住所や宛先を間違えずに入力すること

き出した意味を思い出し、冷静に判断しましょう。

この方法で仕事を選んで、そしてその場所でまた困ったことが出てきたら、全力で誰かに助けてもらいましょう。そして誰かに助けてもらうためには、まずＡＤＨＤである自分を認め、誇りに思い、感謝することです。

サラリーマンなら・・・

さて、例をもう1つ見ていきましょう。転職なんていきなり考えられないよ！　という人も多いかと思います。今いる職場で考えてみましょう。僕が一般的なサラリーマンで営業職だとします。

リストを見ていただくとおわかりになると思いますが、一般的な営業職などのサラリーマンをしている場合とても苦労しますね。僕は本当に苦労しました。お客様に見せる資料の数字をミスすると大変なことになります。

リスト化したものはどれも社会人としてできて当たり前に求められるものばかりです。しかし、脳機能の障害によりそれができないのが脳の発達障害です。

これらの「できる・できない」を考えた上で、例えば事務作業は事務員さんにすべて任せて自分は案件を取ってくる営業活動に専念したり、雑務を他の社員に任せて自分は動画編集や資料づくりなどの1つの仕事に集中したり、見積書の作成やＥｘｃｅｌの細かい入力などの仕事は受けず、新たなキャンペーンの企画に力を注いだりと、これらの例のように同じ職場でも改善策を講じることができます。自分のウィークポイント（できないこと）は無理にやらずに、得意なことに注力するのです。

理解者の存在はあなたを一生助ける

先に述べたことは、どれも職場に理解者がいて初めて成り立つことです。理解者を増やすためには、やはり自分が話すしかありません。ＡＤＨＤや発達障害であることを言わないにしても、「○○が苦手でミスも多く皆さんにご迷惑をおかけしてしまうので、こちらの仕事に集中するためにも○○の仕事をこれからお願いしてもよろしいでしょうか」といったように。

つまり少なからずカミングアウトをしていくわけですね。自分をさらけ出していくことを怖いと感じるかもしれません。でもさらけ出したほうが意外とうまく行くことが多いものです。カミングアウトについては3章でお話しします。今からは、そのカミングアウトする前の準備段階についてお話します。自分のことをもっともっと深く理解していきましょう。

3　大半の人は自分のことをよく知らない

まずはあなた自身を深く知ること

このチャプターではカミングアウトするために必要な準備について説明します。皆さんは「あなたがどんな人間か1分で説明してください」と言われたら、どう返しますか？　自分のことを深く理解していないと、この問いに答えられません。就職活動のときにこういったことをあなたもしたのではないでしょうか。

「自己分析」ですね。これは僕たちにとってもかなり重要なスキルです。なぜ重要かというと、この問いに答えるには、自分の強みや弱みを理解していること、弱みをどうすればプラスに変えられるか理解していること、そして相手にどう話せばいい関係を築けるかを理解していること、そして社会で何が求められていて自分のどの能力でその要求に応えられるのか、これらを理解していることが必要だからです。

つまり自分がどのような状況でどういう条件なら社会で活躍していけるのかをある程度わかっていないとできないからです。僕も今思い返すと、特性に苦しんだ時期は自分のことが全くと言っていいほどわかっていませんでした。

ＡＤＨＤを知ることと自分を知ることとは違う

本書を読んでいる人の中には、ご自身でＡＤＨＤについて勉強されて試行錯誤されてらっしゃる人も多いと思います。ＡＤＨＤについて理解が深まってきている人でも、自分の特性を本当に深く理解しているでしょうか？　そこがとても重要です。なぜなら自分の特性と活かし方を本当に十分に理解していてそれに伴う行動ができていれば、あなたは今困っていないからです。

ＡＤＨＤの人が自分という人間について説明を求められたとき、次のようになってしまうことが多いのではないでしょうか。

「自分はＡＤＨＤで、ＡＤＨＤっていうのは注意欠陥多動性障害で、それはこうこうこういう特徴のある障害で、、、」。

この説明では誰もあなたのことを理解できませんし、自分でも自分のことをまだあまりわかっていないのかもしれません。相手はＡＤＨＤの説明を聞きたいわけではありません。「あなた」のことが知りたいのです。

4　自分という人間の伝え方

自分をプレゼンしよう

さて、先程の章でできることとできないことを整理しました。それを踏まえて、

「あなたがどんな人間か1分で説明してください」

この問いに対する完璧な解答を考えましょう。完璧な解答というのは、例えばどんな企業の面接でも自信を持って自分をPRできるような内容にしておくということです。新卒採用で第1希望の企業の最終面接だったとしたら、本気で考えますよね。おそらくこの1分には次のようなことを盛り込むのではないでしょうか？

①　強みとそれを裏づけする経験

②　困難をどう乗り越えるか

③　自分は企業に（社会に）どう貢献できるか

強みはあなたの捉え方次第

①はもうすでにあなたの中に山ほどあるでしょう。僕が本書の第1章でお話しましたが、僕にも過集中のエピソードが山ほどあります（笑）。

過集中は捉え方によってはネガティブにもなります。

・周りが見えていない

・ご飯を食べるのも忘れてずっとやっている

しかし、ポジティブな面を見ると、

・成長スピードが早い

〔図表4　ネガポジ〕

ネガティブ	ポジティブ
× 周りが見えていない	◎ 熱中するととことんやる
× 集中しだすと止まらない	◎ 時間を忘れて没頭できる
× すぐに他のことをやり始める	◎ いろんなことを経験できる
× 社交辞令がわからない	◎ 正直で裏表がない
× 空気が読めない	◎ 思ったことを伝えられる
× 極度の飽き性	◎ 一つのことに執着しない

・その分野に誰よりも詳しくなる
・仕事の完成度が高い
・好きなことであれば長時間集中できる

これらはとてもプラスになりますよね。ご飯を食べるのも忘れるくらい1つのことに集中できる人なんて、世間的にはかなり少数派です。つまり社会的にとても価値があるのです。

例に挙げた、捉え方によってはネガティブなポイントも理解しておきながら、伝えるときはポジティブなポイントを伝えます。図表4に例を挙げておきますので参考にしてください。

僕たちは知らず知らず困難を乗り越えている

②についてはどうですか？　これも多動性と過集中のエピソードから、いい解答を考えられそうですね。好きなことであなたが過集中を発揮していることであれば、成長するための努力や試行錯誤を自然に実践しているでしょう。それを続けていれば、そりゃあ猛スピードで成長もするし、周りから見ると困難なことでもあっさり乗り越えていけますよね。

またすぐに飽きてしまって別の興味が湧いたものに意識が向くのは、行き詰ったときに躊躇なく転職したり別の方法を考えられるという強みでもあります。僕は次々に新しいことを頭で考えていけることで、自分が落ち込んだときメンタルを回復させるのにとても役立っていたと感じています。

これらは僕たちにとって普通のことでも、なかなかできることではない凄いことなのです。それを知っていることがとても大切です。それはあなたの才能です。活かさない手はありません。僕たちは困難に直面したときに、次々と打開策を考えたり、無理だとわかるとあっさり手放してすぐ次のことに強い好奇心をもって取り組んだりすることができます。失敗に執着せず、どんどん挑戦していけるわけですね。

ちなみに僕はこの多動性「次々と新しいことに挑戦する力」こそが僕の最大の強みだと思っております。

何が求められているのかを知る

③についてですが、自分の欲望だけでなく社会の要望を理解していることがとても大切です。

つまり、

「僕はこれが得意でこれができないからこう働きたい」

「理解されなくて辛い」

ということばかり考えるのではなく、

「この社会ではどういう人材が求められているのか」
「どうすればお互い気持ちよく付き合えるか」
をきちんと理解しておくということです。

今と30年前では求められるものが全く違う

日本では高度経済成長期の戦後教育によって長年、みんなと同じことが平均的にこなせる能力が必要とされてきました。製品の大量生産のために工場などで働く人も多く、平均的なことをある程度のクオリティで地道にこなせる人材が求められたのです。僕たちには非常に生きづらい環境だったわけですね。

しかし、今はもう随分と状況が違います。インターネットが発展して情報が溢れ、ＡＩ技術も発展して、もはやみんなと同じことができるだけなら、機械がやってくれたほうがコストもかからないしミスもなくていい状況になっています。ですが、例えば機械はトップ営業マンの代わりにはなれないですし、一流ホテルのホテルマンのおもてなしの代わりにもなれないと思います。ディズニーランドやユニバーサルスタジオの元気なキャストの代わりにもなれないでしょう。舞台演劇や映画の俳優なども人であること自体に価値があります。

つまり、機械が代用できないほど何かに突き抜けていることであったり、人であること自体に意味があるような仕事が求められているのです。これはＡＤＨＤの僕たちにとっては大チャンスです。

この上なく働きやすい環境がもうすぐそこまで来ているのです。僕たちは発達の凹凸をもっています。好きなことをやって過集中を発揮すればいいのです。

僕たち自身が生き方を選ぶこと

しかしまだまだ30年前の常識で生きてきた人たちが役員だったり管理職だったりして、時代にそぐわない古い体制のまま残っている企業も多く、僕たちが生きづらさを感じる会社も多いでしょう。

もし次転職する際は、そういった古い体制の職場を自分から選ばないことです。創造性が求められる企画の仕事だったり、その企画の実行力が求められる仕事だったり、絵が好きなら何かのデザインだったり、編集が好きなら動画編集する仕事だったり、そんな仕事がマッチしやすいでしょう。

僕は詳しくありませんが、ＡＤＨＤでプログラミングの分野で力を発揮している人も世の中にはいるらしいですね。またLenovoさんなど発達障害をもつ人に理解があって積極的に活躍する場を提供する大企業も増えてきています。事前にそういう情報をしっかり得た上で職を探すのが大切ですね。

さて少し話が逸れましたが、マクロで見ると社会的にこれから求められる人は、何かの分野に精通した希少人材です。ミクロで見るとその企業の売上に貢献できる人材かどうかということです。

あなたがどんな人間か1分で説明してください

ここまでの①②③を総合して、この問いへの解答を僕なりに考えてみました。

回答

僕は興味の湧いたことをとことんやり抜く力のある人間です。高校生の頃はバイエルまでしか弾けなかったピアノを、独学で練習してショパンのエチュードまで弾けるようになっており、軽音楽部の先生から「うちの部に欲しい」と言われていました。

大学生では初心者から始めたダンスを毎日終電まで練習し、子供の頃からのダンス経験者も多い全国大会で優勝しました。優勝できるまでには何度も地方予選で敗北して、その度にショーを動画で見て改善点を話し合ったり、基礎の練習をする時間を長く試行錯誤をしたことが結果に結びつきました。時に周りが見えなくなるくらいの集中力があるからこそ、大勢から頭1つ抜ける術を知っています。

また、僕には行動力があります。社会に出てからは転職は3回、物販ビジネス挑戦、クラウドファンディング挑戦、書籍出版と、思いついたことをすぐ行動に移してきました。例に挙げたクラウドファンディングと出版以外の結果は失敗に終わっていますが、失敗経験が人より多いからこそ、物怖じせずに新しいことにどんどん挑戦できる力があります。

こんな感じでしょうか。自分の弱みがどんな状況であれば出てしまうのか、逆に強みを思う存分発揮できてうまく行くときはどんな状況なのか、できるだけ詳細に考えて、①〜③を踏まえて問いに対する回答をつくってみましょう。

それでは本を一旦置いて、10分程で実際に書いてみましょう。

5 「あなたも知らないあなた」を知るには

他個分析のススメ

いかがですか？　上記の方法でも自分が強みだと思えるところがなかなか書き出せない人は、仲のいい友人に他己分析してもらうのもいいでしょう。あなたの友人が思うあなたのいいところ、ウィークポイントを第三者の目から書いてもらうことで、あなたが気づいていなかったあなたの特徴が見つけられます。

ＡＤＨＤで（他の発達障害を持つ人でも）今まさに困っている人たちは、自分のウィークポイントばかりに意識が向いてしまい、自尊心が低下してしまっている人も多いでしょう。すぐ近くに理解者がおらず、自尊心が低下せざるを得ない状況があるかもしれません。

「とても自分の強みなんて思いつかない」

「得意なことなんてない」

という風にしか考えられないかもしれません。

僕もその気持ちはとてもわかります。そしてあなたに確実に強みがあることもわかります。あなたがそれに気づく近道は、ＡＤＨＤであることを相談できる人を見つけることです。できれば近しい友人がいいですね。

自分にもできる！　という感覚

僕もこれまで様々なＡＤＨＤに関する書籍を読んでみましたが、どの書籍でもＡＤＨＤの当事者が能力を発揮してうまく世の中を渡り歩いていくためにまず重要なことは、自尊心を回復させることだと書かれていました。僕も自分の経験からそう思います。

自尊心とは「大丈夫、自分にもできる！」という感覚のことです。自尊心が低下している状態とは、「自分は何をやっても駄目だ。どうせ失敗する」と前向きになれない状態です。ここから一刻も早く心を回復させる必要があります。

何故かというと、自尊心が低下していると、自分の暮らしをよくするための行動を起こそうと思えないからです。

前向きな気持ちが何より大切です。

先ずは自分のありのままを話せる人を見つけましょう。その人があなたを励まし、あなたのいい部分を伝えてくれます。自分では気づいていない強みがあったりもするものです。心が前向きになると、いい部分に目が向けられます。そうなればあなたは、自分のありのままを受け入れることが容易になっていくのです。

実際にカミングアウトしていくことについては第３章に書いております。この章では引き続きもう少し自分を受け入れることについて深掘りしていきます。そこでヨガの知恵・知識が役に立ってくるのです。

6　幸せを感じるヨガの呼吸法

心と体は密接に繋がっている

このチャプターではヨガの知識を活かして「自分を受け入れる」ということをより容易にしていく方法をお話しします。僕はヨガのプロなので、あなたがより自分の幸せを受け入れやすくなるように、幸せを感じるヨガの呼吸法について話をします。

人は焦っていたりストレスを感じていたりすると呼吸は浅くなり、筋肉が硬直し、血流も悪くなって心臓の鼓動も早くなります。

逆に落ち着いているときやリラックスしているときは呼吸が深く、筋肉も柔らかくなり、血流もよくなって心臓もゆっくりと鼓動を刻みます。一般的に幸せな気持ちになりやすいのは後者ですね。もちろん、気分が高揚したり興奮状態で幸せを感じる場面もありますが、ここではリラックスして幸せを感じるということを考えます。

ヨガの呼吸で心身穏やかに

これから紹介するヨガの呼吸法を僕は毎日実践していますが、僕はこれをするようになってから頭の忙しさがなくなり、注意欠陥がかなり緩和されました。実際に僕は今自分の特性によって日常生活で困ることがほぼなくなっております。それでは呼吸の方法を①～③の3段階に分けて説明します。

a．基本の姿勢

鼻から吸って鼻から吐く呼吸法を行います。まず呼吸するときの基本的な姿勢について説明します。背筋が伸びていれば床に座っていても椅子に座っていても立っていてもOKですが、立っているときにリラックスを促すために目を閉じたりすると、バランスを崩してグラグラしたりするので、まずは座った状態で練習しましょう。

股関節の柔軟性が十分でなかったり、床に座ったときに骨盤が後傾して背中が丸くなる場合は、お尻の下に座布団を敷くなどして高さをつくって骨盤を起こせるようにするか、椅子に座りましょう。背骨が緩やかなS字カーブを描くようにリラックスして座ります。

この姿勢で鼻呼吸をまずは5回繰り返しましょう。

いかがですか？　これだけでも少し気分が落ち着いたのが感じられると思います。口ではなく鼻で呼吸することのメリットは、呼気と吸気の量が安定し、一定のリズムで呼吸ができること、また集中しやすいといったメリットもあります。

ただでさえ僕たちは様々なことに気を散らされてしまいやすいので、集中するためには安定した姿勢になることが不可欠です。

b．呼吸のペース

次にaと同じ姿勢で、呼吸のペースをコントロールしてみます。今度は5秒間かけて鼻から息を吸って、5秒間かけて鼻から息を吐きます。これを5回繰り返しましょう。1回の呼吸が10秒なので、5回繰り返すと50秒ですね。それでは、今目を閉じて実践してみましょう。

いかがですか？　先ほどと比べてさらに気持ちが落ち着いて、身体の余分な力が抜けた感じがあるのではないですか？　慣れないうちは5秒数える呼吸が長いと感じるかもしれません。そういう場合は3秒くらいから練習して、慣れてきたら時間を伸ばしていきましょう。

僕がよく生徒様に話すことなのですが、感情をコントロールするのは難しくても、呼吸のペースは誰でもコントロールできます。呼吸のペースをゆっくりにすることで、筋肉の緊張がほぐれてくるのです。心と身体は密接に結びついていますので、筋肉の緊張がほぐれると、気持ちもリラックスして落ち着いてくるのです。

僕たちは生まれたときから快適な呼吸法を知っていた？

これは皆さんも今までの人生で経験して既に知っていることです。例えば、大勢の前でプレゼンしたり、ピアノの発表会だったり、第一志望の企業の最終面接だったり、緊張を強く感じる場面で僕たちは意識的に深呼吸をしたりしますよね？　深呼吸が筋緊張を緩めて、それが気持ちのリラックスに繋がることを身体でわかっているからです。この作業をもっと意識的に生活に取り入れていく感じです。

c．上半身の使い方

ｂに慣れてきたら、次はさらに細かい上半身の使い方を説明します。このステップを行うことで、広い気道を確保して胸周りの筋肉を柔らかく使い、より深い呼吸ができるようになります。人間は呼吸しているとき、肋骨も動いています。自分の肋骨を手で鷲掴みにするように触りながら呼吸すると、息を吸ったときに膨らんで、吐いたときにしぼむように動いているのが確認できます。

これは、あばらの骨と骨の間に肋間筋という筋肉がついていて、呼吸とともに肋間筋が伸び縮みしているからです。これから説明する①、②、③の3段階の上半身の動きを行うことで、この肋間筋と胸の内側のスペースを効果的に使えます。

①：まずは背筋をピンと伸ばします。

このとき、両側の脇腹と首の横の筋を特に伸ばします（図表5）。

こうすることで胸の内側のスペースを上下に広く使えるので、呼吸が通りやすくなります。このとき、肩周りが力まないようにリラックスした状態で行うことを意識しましょう。

感覚としては、身体測定で身長を測るときにできるだけまっすぐ背筋を伸ばして立とうとしますが、あの感じです。

〔図表5　呼吸法①、呼吸法②前面、呼吸法②背面、呼吸法③、呼吸法完成〕

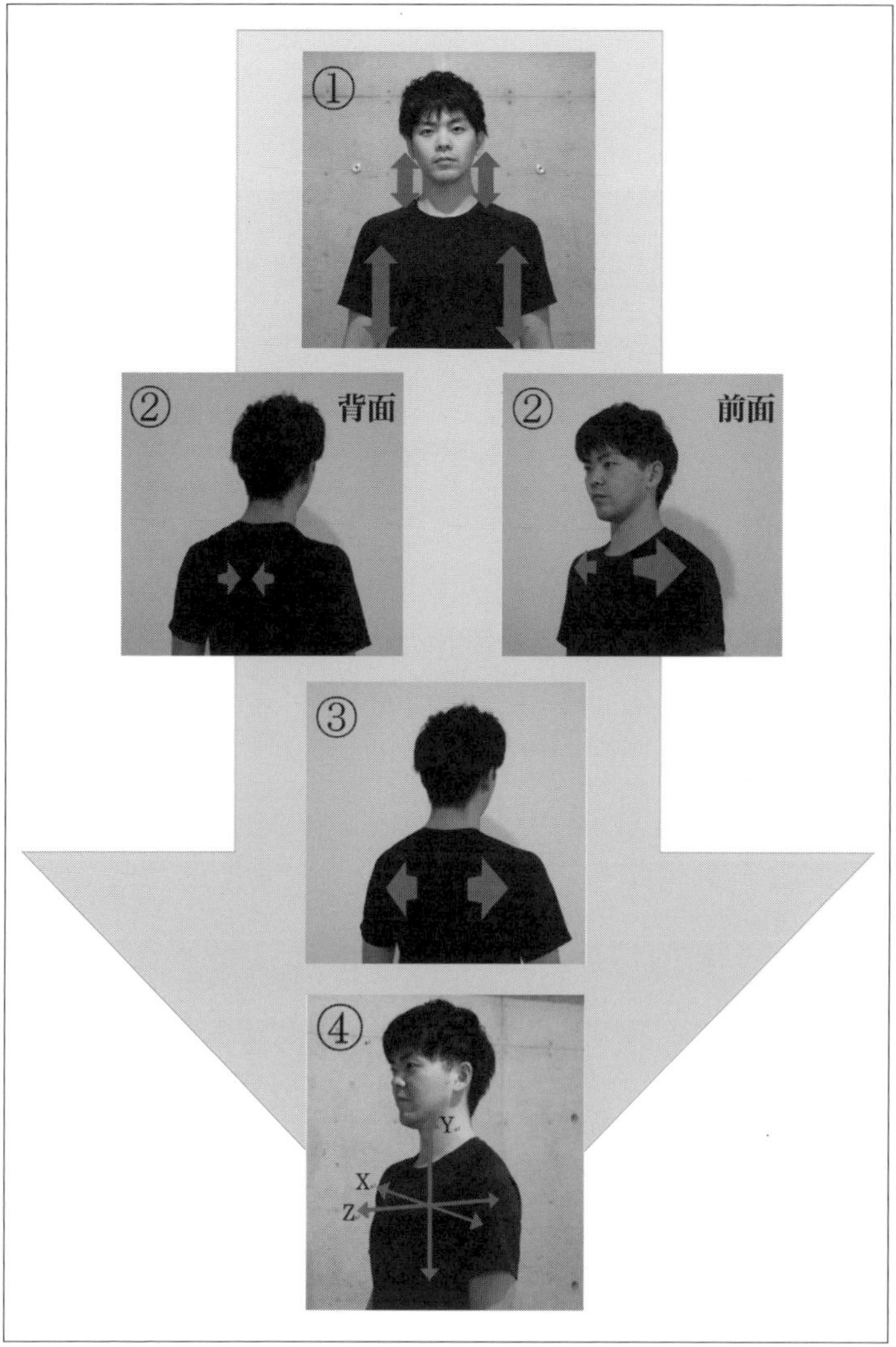

②：鎖骨を左右横に引っ張るような意識で胸の前側を少しだけ開きます。

少しだけというのは、肩を後ろに引いたり肩甲骨を意識的に寄せて胸を開く訳ではないということです（図表5の②）。

あくまで鎖骨を左右横に引っ張ることを意識するだけです。

※その結果、肩甲骨はほんの少しだけ寄ります。

こうすることで、胸の内側のスペースを左右に広く使えるので、更に深い呼吸ができます。

③：②でほんの少し寄った肩甲骨を離し、背中側も軽く膨らませます。

猫背になるわけではなく、胸の前側は広く使ったまま後ろ側にも膨らみを持たせる感じです。こうすることで、胸の内側のスペースを前後に広く使えるので、更に深い呼吸ができます。①、②、③の結果、内側のスペースを３６０度広く使えます（図表5の③、④）。

呼吸の深さは幸せのバロメーター

僕はこの呼吸を実践するまで、頭の中が忙しい状態が常に続き、夜寝るときも頭が休まらない状態が続くことも多かったのです。１人でボーっとしているときも、頭の中では常に「何かしなければ！」という思いが駆け巡っており、それに疲れてしまう日々でした。活発に活動したいときはそれでもいいのですが、休みたいときにも常にそんな感じなので、疲れて心を病んでしまうのです。

この呼吸を実践するようになって、しばらくしてそれが習慣になって、気づいたときには頭の忙しさは解消され、休憩したいときには頭も自然と休める状態になりました。頭が休めるようになったからか、注意欠陥がかなり緩和さていきます。毎日がこんなに楽になるなんて思いもしませんでした。

この呼吸を深める①、②、③のアプローチはＦＥＹの「空」の要素にあたります。空の要素は幸せ、初心、謙虚な気持ちに繋がっていますので、呼吸を深めることでそれらを感じることができます。是非１日１分から実践してみてください。

7　幸せを選択するマインドフルネス

マインドフルネスって？

マインドフルネスという言葉を聞いたことがありますか？

平たく言うと、マインドフルネスというのは「今に集中する」ということです。そういうと「なんだ、それだけ？」と思うかもしれませんが、とても奥が深い分野で、書店に行くと脳科学的な目線で書かれた本や、自己啓発的な目線での本、メンタルヘルス的な目線での本などがあります。実に様々な分野の人たちがこのマインドフルネスの効果に注目しているようです。

実は僕のＡＤＨＤの注意欠陥が緩和されて頭の忙しさが減ったのは、このマインドフルネスによるものも大きいだろうという実感があります。そんなマインドフルネスを是非あなたにも共有したいのです。

さて、僕はヨガインストラクターなのでヨガの目線からマインドフルネスについて、できるだけ簡単にお話しますね。

今この瞬間に目を向ける

「マインドフルネス＝今に集中すること」と言いました。それはどういうことでしょう？　人は基本的に過去か未来のことばかり考えています。例えば、

「今朝はこんなことがあって嫌だったな」

「昨日仕事について褒められて嬉しかったな」

「明後日から旅行だ！ワクワクする！」

「また月曜日から仕事か。。。」

と言ったように。

人は過去か未来のことばかり考え、それについて喜んだり悲しんだり怒ったり不安になったりワクワクしたりするわけです。今この瞬間起こっているわけではない過去か未来の出来事によって感情を左右されるのです。

しかし、僕たちの人生を創っているのは今この瞬間の連続でしかありません。過去でも未来でも

なく「今」なのです。つまりいくら過去や未来について考えたところで、今が充実しない限り人生は充実しません。今幸せを感じない限り幸せに生きられないのです。

ネガティブは本能？

その上、人間は頭もともとネガティブなことを考えるように創られています。太古の昔は人間も天敵から身を守ったり、冬になったら食料がなくなるかもしれなかったので、それに対応するため自然に危機感や不安を抱く必要がありました。ネガティブな思考は僕たちのＤＮＡに刻み込まれているのです。人が起こってもいないことで不安になったりネガティブな思考になるのは必然なのです。

僕は職業柄、次のような質問を受けることがあります。

「私はネガティブなことばかり考えてしまって辛いのですが、どうすればいいと思いますか」

しかしこれは勘違いなのです。ネガティブなことばかりを考えてしまうのではなくて、何も考えていないからネガティブな思考になってしまうのです。ネガティブな思考は本能だと言いました。

前記のような質問に対する僕の答えは簡単です。

「あなたが幸せなように物事を考えればいいのです」

あなたの幸せを見つけられるのはあなただけ

「は？　幸せだと思えないから困ってるんじゃん」と言う人は、言葉の意味をわかっていません。

幸せとは受動的なものではありません。幸せとは能動的なものです。幸せは待っていてもやってきません。誰かがくれるものでもありません。幸せを感じるには自分から幸せな思考を巡らせる必要があります。僕たち人間は本能だけで生きる動物と違って、理性や意志というものがあります。

早くあなたも、「今日も朝ごはんが美味しくて最高だ」と思えばいいのです。ネガティブになるのは本能ですが、幸せになりたいというのは僕たちの意志です。幸せであるんだという強い意志をもって、いちいちネガティブな思考に引っ張られないのです。

満員電車に乗って誰かと肩がぶつかったくらいでイライラしてはいけません。自分から幸せを遠ざけているだけです。なぜあなたはその後数十分間（下手すれば1日中）イライラする必要があるのでしょうか。幸せな時間を過ごすこともできるのに、自分から不幸を選択しているという事実に気づくのです。幸せになりたいのであれば幸せな気持ちを選びましょう。

思いやりは幸せの鍵

肩がぶつかったときに「チッ」と舌打ちする人がものすごく多いですよね。僕は心の中で「ああ、この人は今不幸な気持ちを選択したいのかもしれないな」と思ってしまいます。

知らない誰かと肩がぶつかったときに「大丈夫ですか？　怪我はありませんか？」と言えばあなたはどれだけ素敵でしょうか？　それだけで相手も笑顔になり、あなたの心も温かい気持ちで満たされます。あなたは「今日は朝からいいことをしたな」と気分上々で過ごせることでしょう。

あなたは幸せを選択できる

この前者と後者の違いは、自分の意志で幸せを感じるほうを選んでいるかどうかだけの違いです。あなたは肩がぶつかったときに、イライラするほうを選ぶこともできますし、相手を気遣って心穏やかに過ごすこともできます。ネガティブな反応というのは本能なので、湧き上がってくるのはある程度仕方のないことなのです。しかし、そこでイライラの気持ちに引っ張られて舌打ちするのではなく、自分の心を第三者の目で見るように俯瞰するのです。

そして、イライラする気持ちに気づいたら「僕は（私は）幸せな時間を選んで過ごすんだ」と誓って、心穏やかな反応を自分の意志で選択するのです。たったこれだけの違いで、人生だいぶ違ってきます。

人は見たいように世界を見る

イライラしている人はいつも何かにイライラして、会社の同僚の愚痴をいい、芸能人のスキャンダルで盛り上がり、親しい友人には家族の愚痴を言い、家に帰れば家族に誰かの愚痴を言っています。そんなことを続けていても幸せに生きられないのは明白ですよね？

一方でいつも心穏やかで幸せそうな人は、出逢う人みんなにありがとうと言い、何かあればみんなのおかげですと感謝し、今日はこんないいことがあったとワクワクしながらおしゃべりし、家に帰れば家族に「いつもありがとう」と言うのです。幸せになりたいと思うのであれば、早く幸せを感じればいいのです。一度言いましたが、「幸せはすでにあなたの中にある」のです。

感情を選択することはマインドフルネスを実践すること

この幸せな気持ちを選択するという行為は、マインドフルネスな時間を過ごしているからこそできることです。常に自分の気持ちを幸せな方向にもっていこうと意識して「今」を過ごすのです。

朝ごはんを食べているときは朝ごはんの味に集中します。仕事のことを考えながら朝ごはんを食べていると、味や食感に気づかないまま作業的に朝ごはんが終わってしまいます。

一方で毎日、今日の目玉焼きは一段とおいしいなあと思いながら朝ごはんを食べることもできるのです。今に集中して時間を過ごすことで、今まで気づかなかった様々なことに気づいたりします。そこには感謝の感情が生まれます。

「今日もおいしい朝ごはんが食べられたのはご飯をつくってくれた奥さんのおかげだな。感謝しないと。あ、この食費が出せるのは職場があってお給料を出してくれるからだよな。会社にも同僚にも、あの苦手なタイプの採用担当者にも感謝しないと」といった具合に。

お風呂はマインドフルネスに最適？

僕は長年銭湯が大好きなのですが、最近その理由がわかりました。銭湯に入ると強制的にマインドフルネスな時間を過ごせるからです。湯船に入る前に色々と考え事をしていても、一度湯船に浸

かると、

「はあーー。あったかくて沁みるー。疲れが全部吹っ飛ぶー」と。

大浴場の湯船につかるとその途端に誰もが今まで考えていたことを一旦忘れて、「日本人に生まれてよかった。お母さんありがとう」と思うのです（笑）。

呼吸法＋マインドフルネス

先ほどのチャプターで紹介した呼吸法もマインドフルネスの実践に当たりますが、よりマインドフルネスを感じるために次のことを実践してみてください。

bの呼吸のペースをコントロールするときに、秒数を数えることに集中してみましょう。吸う息を「1、2、3…」と数えて5秒たったら次に吐く息を「1、2、3…」と数えます。これをただ繰り返すのです。

秒数をカウントしているときに他のことをなかなか考えられないので、しばらく続けると頭が余計なことを考えなくなっていくのがわかると思います。目を閉じた状態で行うと、目からの情報が脳に入ってこないので、より集中しやすくなると思います。

呼吸は僕たちが死ぬまで一生繰り返すものですので、この呼吸法とマインドフルネスの組み合わせをいつでも実践できるようにしておくことで、落ち着いた心と整理された頭を手に入れることができます。そして毎日幸せを感じて生きるのです。

8　完璧主義は今日で卒業

完璧な人間などいない

あなたは完璧主義者でしょうか。僕は以前、完璧主義者でとても苦労しました。ここでわかりやすく話をするために、完璧主義者とは次のような人だと定義しておきます。

完璧主義者：物事をすべて1人でやりたがる。人に頼ることを嫌い、失敗を認めようとしない人。
　　　　　　また仕事が完璧にできなかったときに、できなかった自分を責めて落ち込む人。

人間はそもそも完璧ではありません。僕たちＡＤＨＤの傾向がある人は特に、社会生活を営む上で周りの人が当たり前にできてしまうことができなかったりするので、周りの人と自分を比較して辛いと感じるのではないでしょうか。僕はそうでした。でもそんな自分をなかなか認められず、何でも自分でできる自分じゃないと嫌だったのです。

発達の凹凸こそがあなたの最大の魅力

完璧な人って面白くないですよ。学生時代は全教科天才的な成績でスポーツも万能、社会人になって1年目で大企業の営業成績トップになって出世街道まっしぐら。なんだか面白みに欠けませんか。決してそういう人を批判しているわけではありませんし、ひがみではありませんので（笑）。

勉強は全くできないけど美術では誰にも負けないくらいのセンスを発揮する人だったり、勉強も体育も芸術もできないけど誰からも愛されて人気があって人脈がすごかったり、はたまた勉強も体育も人とコミュニケーションをとることも苦手だけどプログラミングがすごくて1人でアプリをつくっちゃうような人のほうが魅力的じゃないですか？

少なくとも僕はそう思います。でもそういうことを言うと、勉強も体育もコミュニケーションをとることも苦手だったんじゃ困らないですか？　と聞かれそうですね。困ったら助けてもらえばいいのです。コミュニケーションも、必要最低限できれば生きていけます。

完璧主義思考から離れましょう

数年前の僕を含め、人に頼ることが苦手な人が多いなあと思います。あなたはどうですか？　頼れないとしんどいですよね。あれもこれも全部自分で完璧にやらないといけないなんて思っていたら心がいくつあっても足りません。あなたがイチロー選手のような不屈の精神の持ち主ならそれでもいいかもしれませんが、僕はストレス耐性がかなり弱いので耐えられませんでした。それを証拠に3度転職しましたが、どこの企業でも1年ともちませんでした（笑）。

誰かに頼ることができないあなたの気持ちもわかりますよ。

「面倒くさい奴だと思われたらどうしよう」

「人に頼むより自分でやったほうが早い」

「なんでも自分でできたほうがいい」
自分を苦しめるその考え、もう今日からやめてしまいましょう。

9　誰かに頼る力をつける

素直に誰かを頼る人は可愛気がある

基本的に頼られたときのことを考えるとわかりやすいですが、誰かから頼られるとうれしい気持ちになりますよね。

「先輩にしか頼めないんです。この難しい部分を教えてもらえませんか？」

そんな風にＳＯＳを出されたら悪い気はしないでしょう。自分のことを信頼して頼ってくれているのだなと思うと、面倒くさいなんて思いませんよね？　どちらかというと「かわいいやつだな」と親近感が湧いてきます。そして少々忙しくても、

「しょうがないなあ」と言いながら内心嬉しく思い、その後輩を助けようとしますよね（笑）。

もし何か頼まれたときに本当に構っている時間がなければ、あなたは

「ごめんね。今他の仕事で忙しくて時間がなくてさ。○○さんに聞いてもらっていいかな」と他の人に質問することを促したり、後で時間を設けると伝えたり、もしあなたが優しい気質をもった人なら時間がなくてもその後輩の頼みに一生懸命に応えようとするのではないでしょうか。そうい

うものです。

頼られて嬉しい人がほとんどです。ごくまれに、頼ろうとして本当に嫌な顔をされることもありますが、そのときは余計なことをしたなと思って頭を切り替えればいいのです。

頼ることは信頼のサインでもある

この「頼る」ということは人生を歩んでいく上でとても重要なスキルです。できないことや苦手なことは、誰かにお願いして頼ればいいのです。助けを求めればいいのです。完璧でいないといけないなんて思っているのは自分だけです。

誰もあなたに完璧は求めていませんし期待もしていません。どちらかというと弱みを見せてくれることを期待しているかもしれませんね。頼るのが上手な人は、周りの人から愛されて、ピンチのときには周りが助けてくれます。頼られた人も、「僕を信頼してくれているんだな」と嬉しくなるのです。

しかしあなたが誰にも頼れないと、「可愛気のない奴だな」と逆にマイナスなイメージをもたれる場合も往々にしてあります。

完璧がいいという執着

頼ることができない人は「何もかも1人でできたほうがいい」という考えに執着している可能性

があります。僕はそうでした。その執着を手放すには、完璧にできない自分を「そんな自分でもいいじゃないか」と認めてあげることです。つまり「頼る」ができる人は弱い自分を認められる人なのです。

1章でも執着を手放すことの話をしましたが、もう少し掘り下げてみます。

10　思い込み執着を手放すと楽しくなる

修習と離欲

ヨガでは執着や欲を手放すことを、「離欲（ヴァイラーギャ）」と言います。「離欲（ヴァイラーギャ）」とセットで話されることが多いのが「修習（アビヤーサ）」ですが、この2つについて有名な例え話があるので、それをご紹介します。

動物は執着を手放すのが上手

アビヤーサとヴァイラーギャは鳥が飛んでいるときの様子に例えられます。

鳥は地上から離れ、目標となる高度まで上がるには鳥は羽ばたき続けなければなりません。これは、まず何かに取り組むときには、ある程度学びが深まるまで努力すること（アビヤーサ）が大切になることを説明しています。

しかし、いつまでも羽ばたき続けていると、やがて筋肉が疲労して羽ばたくのが困難になってきます。羽を休ませなければなりません。これがヴァイラーギャです。羽ばたくことをやめて羽を大きく広げると、少ない力で遠くに飛ぶことができます。そのとき広い視野で大地を見下し、冷静に景色を眺めて様々なものを見つけることができます。そうしていると次第に緩やかに高度が下がってきて、羽が十分に休まったらまた羽をはばたかせて高度を上げていくのです。

頑張ることを手放して、自分の心や今の状況を客観視するのです。この世のすべての学びはこのアビヤーサとヴァイラーギャのバランスで成り立っています。1人で完璧にこなす完璧主義にもういい加減疲れたでしょう。そろそろヴァイラーギャ（離欲）しましょう。

完璧じゃないあなたのほうが魅力的

何もかも周りの人に頼っていては信用も何もないですが、自分が本当に困っているときは周りの人に頼りましょう。「失敗する自分はダメだ」という考えや「何もかも1人でできたほうがいい」という考えを手放すのです。

すると、あなたは1人じゃないことに気づけます。大地を見下ろす鳥のように視野が広がり、今まで見えなかったものが見えてきます。あなたを助けてくれる人が必ず現れます。あなたが思っているよりもあなたの周りの人たちは優しいことに気づきます。この世の中では、完璧じゃない人同士が苦手な部分をお互いの気遣いや優しさで補い合いながら生きているんだということに気づきます。

その代わりあなたが助けてもらった分、その恩を相手に返すのです。何も大げさなものやスキルを返す必要はありません。

感謝の言葉、笑顔、ちょっとした気遣い等、あなたが返せる範囲のものを返せばいいだけです。

そうやっていくと知らず知らずのうちにあなたも周りの人から感謝され、感謝の連鎖が生まれます。

頼ることは楽しいこと

ヴァイラーギャを実践していると、頼ることが楽しくなってくるかもしれません。思いがけない人が助けてくれたり、助けを求めたことによって仲良くなったりするからです。助けてもらったあなたは心の底から感謝します。思わず「ありがとう!」と口から言葉が出てくるでしょう。

僕たちは感謝しているときには幸せを感じます。つまり誰かを頼ることで自分も幸せを感じられるのです。そのうち誰かに頼らないといけないようなピンチな状況が楽しくなってきます。次はどんな人や出来事が自分を助けてくれるのだろうかと。

目の前の人に恩を返す

あなたはただ自分の可能性を人のために使いながら日々暮らせばいいのです。

両親、友達、通勤する電車の車掌さん、カフェでおいしいカプチーノを入れてくれる店員さん、工事現場で歩行路を誘導してくれる作業員さん、職場の同期、上司、後輩…。目の前の人と笑顔で接することで相手に元気を与え、ただ悩みを聞いてあげるだけでその人の不安を和らげることができます。好きなものの話題をふってあげるだけでその人の気分をよくしてあげることができ、その人に何かいいことがあったときに「よかったね」と言ってあげるだけでその人の喜びを倍増させることができます。

そうやって日々過ごしていると、あなたは周りの人から感謝されます。

知らず知らずのうちに誰かを助け、恩を売ることになるのです。

人は感謝されると恩を返そうとしますので、あなたはまたピンチのときに誰かに助けてもらえるのです。

完璧主義者だなんてくだらないプライドは早く捨てて、人を愛して愛される心を持ちましょう。

自分をよく知り、できることとできないことを整理したら、できることで他者を助け、できないことは誰かに頼るのです。

具体的な頼り方については第6章で解説します。ＡＤＨＤの人は僕を含め、伝え方によって相手に不快感や不信感を与えてしまったり、気遣いができずに相手を怒らせてしまったりすることもあります。

そういう人のために、「こういう言葉でお願いするといいですよ」ということを具体的に書いておりますので、ぜひ参考にしてください。

スミレはスミレ

僕は岡潔さんという今は亡き天才数学者の次の言葉が大好きです。

「私は数学なんかをして人類にどういう利益があるのかと問う人に対しては、スミレはただスミレのように咲けばよいのであって、そのことが春の野にどのような影響があろうとなかろうと、スミレのあずかり知らないことだと答えてきた。私について言えば、ただ数学を学ぶ喜びを食べて生きてきただけである。」

岡潔さんは数学を寝ている以外の時間ずうっと研究しているような、かなり変わった人だったと言われていますが、僕はただ大好きなことをやりつづけた岡潔さんの言葉にとても感銘を受けました。

僕たちも自分が生まれ持った特性のままに、ただ楽しく幸せに生きることが大切だなと考えさせられますね。人間ありのままが一番素敵なのでしょう。

3章

ADHDも環境を整えれば武器になる

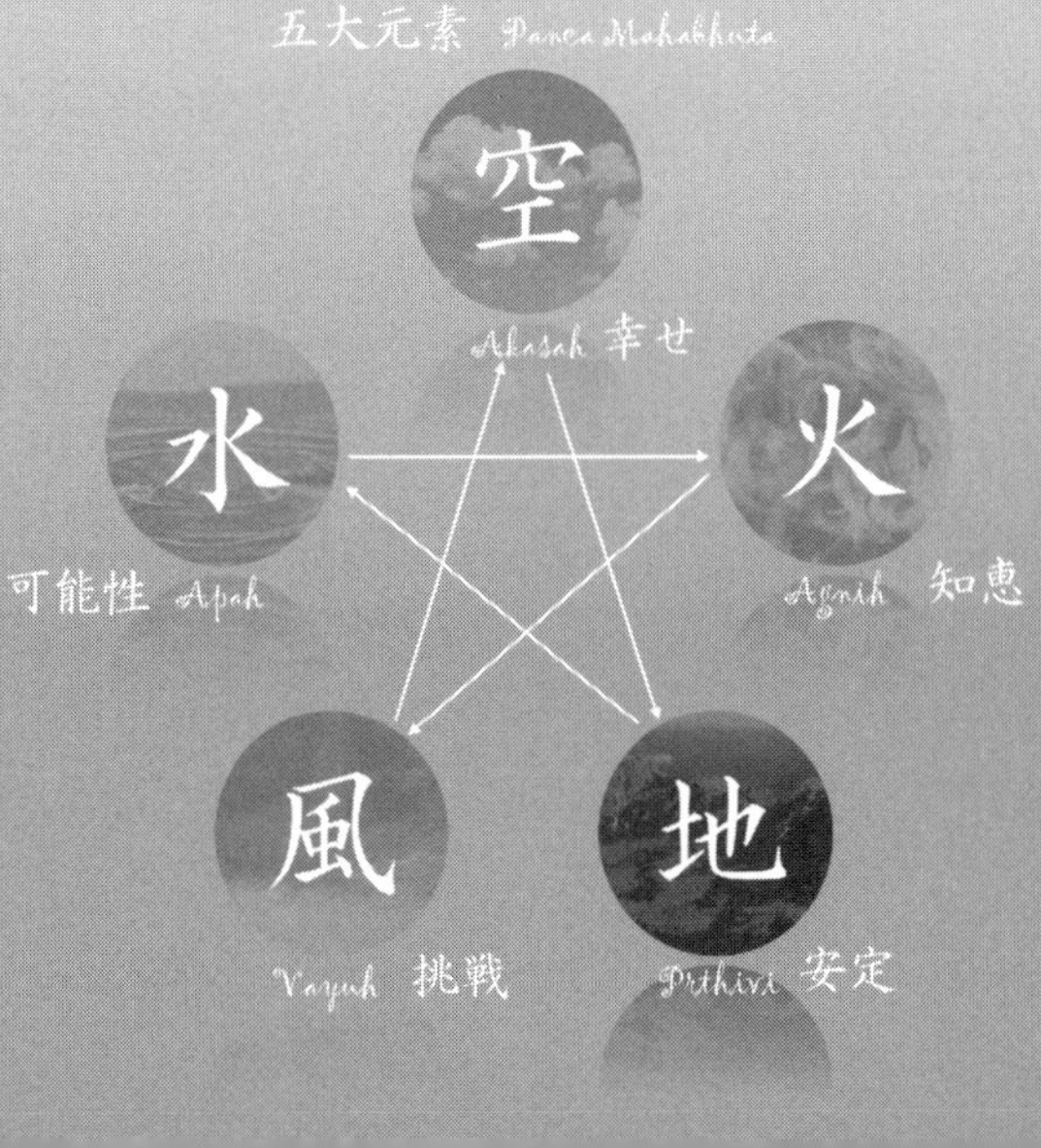

1　職場（職種）を変えてストレスを排除し力を発揮する

ストレスの原因を取り除く

あなたが心地のいい環境で自分の能力を最大限発揮していくために、まず身の回りの環境を整えることについてお話しします。少ないストレスで楽しみながら働くことができると、僕たちはその特性から周りの人が驚くくらいの能力を発揮することができます。

職場を変えるという選択

まずは職場（職種）を変えるということです。ここで前提としてお伝えしておきますが、職場（職種）を変えるのは、今の仕事でどれだけ工夫してもＡＤＨＤによる生きづらさが改善される見込みは薄く、精神も疲弊している場合の１つの打開策としてお話しします。

今現在あなたがＡＤＨＤによって職場で苦しい思いをしているのであれば、思い切って職場（職種）を変えてしまうことです。どうせ努力をするのであれば、ストレスが多く苦しい環境よりもストレスフリーな楽しいと思える環境で努力したほうがいいに決まっています。

またその努力の内容も大切です。ＡＤＨＤの特性によって自分の苦手なことやどうしてもミスが出てしまう仕事があったとして、その苦手なことを人並みくらいにできるようにする努力であったりミスをゼロにする努力はあなたの心を苦しめるだけです。得意なことを更に伸ばすために努力して、周りからも認められて感謝されながら頑張れる環境に身を置く必要があります。

さて、そのためにはまずどうすればいいのでしょうか。

自分を深く知った上で職場を選択する

自分を深く知ることです。前の章でできることとできないことの整理をしました。「自己分析」でどんどん掘り下げて、自分の特性に詳しくなりましょう。パニックになったときに自分はどうなるのか、どういう状況になるとパニックになるのかなどをしっかり自分で理解できるようになるまで「自己分析」を続けましょう。

それによって自分の特性がある程度理解できたら、まずどんな職業あるいはどんな作業なら自分のウィークポイントが出ないか考え、その中からやりたい仕事を探してみるのです。

ウィークポイントが出ないということは、ＡＤＨＤの自分の特性によるミスや忘れ物からくるストレスがない仕事ということになります。そうすると必然的に、あなたは過集中などＡＤＨＤの強みを発揮しやすくなるのです。

僕の場合

僕を例に考えてみます。僕のウィークポイントは次の通りです。

・契約書や見積書作成など細かな事務作業でケアレスミス多発
・営業に行ったりする際の準備資料などの忘れ物
・電話の取次で内容の抜け漏れ多発
・アポのダブルブッキングやアポの失念
・数件メールを送信する仕事がある場合、宛名違いと送信漏れ
・数件メールを受信する場合の確認漏れ
・複数の作業を同時並行する場合、どの作業も未完了でどの作業もミス多発

僕が職場（職種）を変える場合はこれらのウィークポイントが出る恐れが全くない職場を選ぶことを最優先します。つまり、「契約書や見積書など細かな事務作業がなく、営業先によって持ち物が変わったりすることもなく、アポイントの管理を自分でする必要がなく（もしくはそもそもアポをとる営業などでない仕事）、メールでの事務的なやり取りが少なく、1つのことだけ集中してやればいい仕事」をすればいいのです。

仕事はいくらでもある

そんな仕事あるの？　と聞かれそうですが、いくらでもあります。あなたが知っている仕事というのは100種類もないのではないでしょうか？　厚生労働省の調べによると、日本には2011年の時点で1万7000種類を超える職業があります。2020年の現在ではもっと多岐にわたっ

ていることは間違いないでしょう。

ただただ正社員として働く以外の選択肢も考えましょう。転職エージェントにこだわらず、友達や親戚に紹介してもらうのもいい手だと思います。

どんな職種がいいか条件を考える

まず契約書や見積もりの作成もアポ取りも電話の取次もないとなると、僕の選択肢から一般的な営業職は排除するということになりそうです。ここで誤解のないように言っておきますが、人と商談することに特化しているＡＤＨＤの人が、商談以外のすべての作業を他の人に任せられる環境があれば、営業職を候補に入れることは大いにアリだと思います。また、同じ営業職でもルート営業でやり取りの内容が毎回同じでルーティン化できるような職場なら場合によってはアリと判断します。

次ですが、メールの送受信があることを選択肢から排除する条件にしてしまうと、それこそできる仕事が一切なくなってしまいますので、あくまでメールの送受信が1日に1件あるかないかくらいの職場ということにしておきます。ということになると、取引先と様々な打ち合わせをメールでしたり、返信に期限があるやり取りを数多く行う仕事は候補から排除します。例えば人と人を取り次いで、様々な取引先と同時にやり取りしなければならない仕事はナシです。

次に複数の作業の同時並行がある仕事は選択肢から排除します。つまり1つのことを徹底的に集中してこなせばいい仕事を選ぶのです。これは僕たちの注意欠陥が抑えられる上に過集中を発揮して仕事の成果に期待がもてますね。

専門性の高い仕事を選ぶ

ここまでの内容を踏まえて考えると、僕の仕事は専門性の高い仕事になることが必然です。この条件に当てはまる仕事を、今パッと考えてみました。

大学教授、非常勤講師、高校の特定の教科の先生、塾講師、食関係のアドバイザーやソムリエ、管理栄養士、ダンサー、パフォーマー、デザイナー、創作雑貨の作家、画家、ミュージシャン等のアーティスト、役者、俳優、劇団員、プログラマー、ウェブデザイナー、ミュージッククリエイター、調律師、ブロガー、インフルエンサー、スポーツトレーナー、パーソナルトレーナー、インストラクター、山岳ガイドなどの専門的なガイド、外国人観光客向けのツアーガイド、バスツアーガイド、職人と呼ばれる仕事、考古学者、Youtuber、Vtuber、動画編集者、動画編集代行業、グラフィックデザイナー

まだまだ他にもあるかと思いますが、とりあえずこれくらいにしておきますね。

能力が発揮できると仕事は楽しい

教授や先生と呼ばれる仕事の他は組織にガチガチに縛られず、将来的にはフリーランスでも働け

るような仕事が多くなります。まずは雇ってもらえる場所で1~3年程度経験を積み、知識とスキルが付いたらフリーランスに転向という考え方もアリです。

僕は前記の選択肢と自分のダンスの経験から、インストラクターという道を選びました。未経験からインストラクターとして採用してもらえる会社に入社し、1年間社員として勤務した後フリーランスに転向して、現在でフリーランス3年目です。僕はこの方法で仕事を選んで大正解でした。

僕はホットヨガスタジオの会社に入社して1年社員インストラクターとして勤務していました。入社直前までヨガのヨの字も知らないような状態でしたが、とにかくウィークポイントが出ないことを一番に考えました。そして、ダンスと同じように身体の扱い方を教えるヨガの世界でも頑張れるんじゃないだろうかと思ってこの会社を選んだのです。

すると営業職のときに感じた生きづらさが大幅に減り、人・モノ・出来事のすべてに感謝したのを覚えています。生きづらさによるストレスを感じない仕事というものが本当に楽しく、それでお金を稼いで生きられることに感謝しました。だからこそ、僕はヨガインストラクターという仕事をどんどん好きになっていったのです。

つまり結論をお話すると、職場（職種）を変えるときは第一にウィークポイントが出ない仕事を選ぶことが何より大切だということです。ぜひ参考にして、今転職を考えている人は実践してみてください。

きっとあなたは今よりもっともっと活躍して楽しく生きていけます。

2　カミングアウトするとどうなるのか

カミングアウトは必要？

みなさんに質問です。みなさんは自分がＡＤＨＤであることをカミングアウトしたいと思いますか？

カミングアウトって勇気がいりますよね。まだ周りの誰にも自分が発達障害であることを相談できていない人も多いのではないでしょうか。また診断は受けてはいないけれども自分は発達障害なのではと気になっている人で、怖くて誰にも相談できていないケースも多いのではないでしょうか。相談していなくても困っていないのなら、特に問題はないでしょう。

しかし誰からも理解されずに1人で抱え込むあまり苦しんでいる人がきっとたくさんいると思います。本当の自分を隠して生きていくことほど悲しいことはないのではないでしょうか。ありのままの自分を誇らしく思い、包み隠さず素の自分を出して生きて幸せを感じるためにもカミングアウトは必要なスキルだと僕は考えています。

カミングアウトしたくなかった

僕は相談できる人が欲しかったのは確かです。しかし職場ではカミングアウトや相談はしたくなかったのを覚えています。それは、それまでの経験から、「理解してもらえるはずがない」と考えていたからです。

そう、これが一番孤独で一番しんどいですよね。どれだけ仲のよい親友でも恋人でも家族でも、発達障害ということについて理解がないと

「玄太くんはADHDなのかもしれないけど全然そんな風に見えないよ！　大丈夫！」と、励ましてくれます。励ます側はとてもとても優しさに溢れていますが、知識がないため一番の苦しみを理解はできていません。「そんな風に見えないからこそ困る」のですよね。

そう簡単には理解されない

周りからは「発達障害がある人」そんな風には見えないからこそ、職場では「サボっている、怠けている、話を聞いていない」などと誤解されてしまうのです。「発達障害がある人」そんな風には見えないからこそ、周りには相談しにくいし、相談しても理解してもらえないのではと怖くなってしまいます。僕のようなグレーゾーンの人だと尚更です。誰にも相談できないと、本当に思い詰めてしまいます。

「できない」ことを「できない」と言えないまま、周りからは当然のごとく「できる」を期待され、もし「できない」と周りから白い目で見られ苦しむこととなります。

僕もこの悪循環でした。

「あいつ頭がおかしいよ。当たり前のことをわざわざ確認してくる」

「前にも同じことを言っただろ。メモして覚えれば済む話だろ」

「いつも空返事だな。返事はいいから、しっかりやってくれ」

「お前の見積書って適当だな」

毎日毎日同じことで注意され、それが改善されないので当然職場の人からの評価は下がりっぱなし。僕はそんな自分が嫌で憂鬱でした。

3　自分をさらけ出すと新たな道が開ける

すべてをさらけ出す勇気を持つ

何とか前向きになりたくて、プライベートで学生時代からの友達である亮くん（彼もＡＤＨＤ）に悩みを相談し、話を聞いてもらったりして元気をもらっていました。僕をよく知っている亮くんのアドバイスもあり、僕はヨガのインストラクターとして働くようになりました。そして初めて配属された店舗で、僕は自分の脳の特性について打ち明けようと決めました。

きっとここで話さないと、また今までと同じことを繰り返してしまうことになる。自分から発信することにチャレンジしてみよう！　と覚悟を決めたのです。

何でも話せる相手が必要

さて、カミングアウトするしないの話ですが、僕は誰か1人でもいいのでカミングアウトすることをおすすめします。その対象が誰もいなければ、僕のInstagramアカウント『genta1217yoga』もしくは、『mass_action0515』をフォローしてみてください。基本的にDMに返答はできませんが、極力読ませていただきます。

僕も本当に苦しかったので、同じ境遇の人は助けたいのです。もし友人、恋人、家族に相談できそうなら是非してみてください。カミングアウトの方法はこの後すぐお話しますが、まずはその前にカミングアウトしてよかったことをお話します。

カミングアウトのメリット

カミングアウトしてよかったことは2つあります。1つはある程度仲良くなった人には「僕実はADHDっていう発達障害をもっていて・・・」とためらわずに話せるようになったこと、もう1つはある程度職場での理解が得られるようになったことです。

前者についてですが、僕は自分をさらけ出すことでよりお互いの理解も深まり、周りの支援も受けやすく自分が快適に生活できることに気づいたのです。初めは開き直りみたいな感覚でした。言っても死なないし別にいいや。みたいな感じです（笑）。もうどうにでもなれ、と。でも意外と周りの反応は暖かくて、ホッとして一気に力が抜けたのを覚えています。

周りの人たちがＡＤＨＤである自分を認めてくれて、やっと自分に少しずつ自信を取り戻せている感覚がありました。もちろんそれでもＡＤＨＤの壁を感じる場面はたくさんあり、対応策も常日頃考えなくてはなりません。それでも、周りの理解・支援が得られる状況が僕の精神的不安をとても和らげてくれています。

後者についてですが、僕が極端に苦手なことがあることや、焦るとミスが多発して大変なことになること、そして複数の仕事を同時並行できないことなどを職場の皆さんと共有できました。これで僕はかなり快適に働けるようになったのです。

4　カミングアウトの前に準備する2つのポイント

カミングアウトの前にすべきこと

さて、いよいよこれからカミングアウトする上での具体的な方法をお伝えします。それは、

①　よき理解者をもつこと。
②　自分の特性への対応策を具体的に伝えられる準備をすること。

僕は②を実行せずに苦い思いをしました。

当時は自分のありのままをさらけ出すことに精一杯だったのですが、もしあなたがこれから誰かにカミングアウトするなら、①と②の両方を実行することを強くすすめます。

①「よき理解者をもつこと」について

先ずはＡＤＨＤについて打ち明けられる人を探しましょう。親、兄弟、親友、職場の頼りになる先輩、自分が心を開ける人なら誰でも構いません。ＡＤＨＤであることを誰か1人にカミングアウトしてみましょう！　自分が本当に苦しいとき、こういう人がいるのといないのとでは精神的な負担が全然違います。

何もあなたのことをすべてわからなくても、ただ話を聞いて励ましてくれる人がいると、どれだけ救われるか。僕は自分の性格上、親や兄弟に相談することができませんでした。かといってプライドも高いので安易に誰でもいいから友達に相談するということもできなかったのです。

そんな僕が唯一ＡＤＨＤであることを打ち明けたのは、大学時代からの友人で同じダンスチーム「One Hit Lighter」として青春を共にした原田亮くんとそのメンバーです。

亮くんもＡＤＨＤに苦しんでいました。彼は、物の置き忘れなどが極端に多く、注意欠陥が優位のタイプのＡＤＨＤです。

彼は外資系の生命保険会社の営業マンとして働いていました。給料は営業の成果に応じて支払われるフルコミッション型のシビアな世界です。彼もまた職場で自分の忘れ物の多さに悩んでおり、このままではいよいよ会社をクビになるというところで、すがるような思いで東京のとある心療内科に駆け込み、ＡＤＨＤと診断されたようでした。僕は彼からその連絡を受けてからＡＤＨＤの存在を知り、自分もまたＡＤＨＤの特性があるということに気づきました。

病院には行ったほうがいいの？

僕はそのときに彼から、病院で診断されると保険に加入しづらくなるだとか、投薬していく場合、毎月のランニングコストが増えるので生活が大変になることとか、その他にも病院で診断されるデメリットを中心に教わりました。

自分に嫌気がさして病院に行こうとする僕を彼が止めてくれました。僕は病院に行けば何か解決策がわかるのではと、そのときは強く思っていましたからとても悩みましたが、病院へ行くのは一旦やめました。

ここで誤解がないように言っておくと、この世の中にはとても優秀なお医者さんもいれば病院に行くことで生きづらさの解決に向かう人たちもたくさんいるということです。病院に行ってお医者様と一緒にＡＤＨＤの対応策を考え、お薬を飲みながら脳の衝動性や多動性を緩和して日々を生きやすくしていくという方法もあります。

亮君は僕の性格や年齢、これからやろうとしていることとか色んなことを踏まえて、病院には行かないほうがいい、と言ってくれたのだと解釈しています。ちなみに僕は結局その3年後に心療内科に行ったとき、ＡＤＨＤとＡＳＤの検査を受けて「グレーゾーン」だという結果をもらっていますが、当時は敢えて診断を受けないという選択をしてよかったと思っています。

状況にもよりますが、職場で自分の特性によって周りの方に迷惑をかけてしまうことが多いという自覚のある方は、診断証明があるほうが説得力はあると思います。カミングアウトされた側も、

「なるほどね」と納得しやすいと思いますが、状況によっては逆に厄介者扱いされたり、陰湿ないじめに合う可能性も考えられます。

診断を受けることで保険の加入が難しくなったりとデメリットもありますので、慎重に検討しましょう。

理解者がいることで安心して前に進める

亮くんは責任感も強く、彼自身の不甲斐なさにとても苦しんでいたようでした。彼もまた、同じように苦しむ人たちが周りにいることで奮起できたと聞きました。彼も自分の特性を考えて真剣にＡＤＨＤと向き合いながら転職先を探し始め、現在では大阪の寝屋川にある地域密着型の塾で塾長として活躍しています。

僕が仕事を変えたのも周りの環境が変わったのも、何より心が落ち着いたのも、亮くんのようなよき理解者がたった1人いたからだと本当にそう思っています。1人理解者がいるだけで「僕はもう大丈夫だ」そう思えました。

あなたもまずは1人、誰かＡＤＨＤの悩みを打ち明けることができる人を見つけましょう。

②「自分の特性への対応策を具体的に伝えられる準備をすること」について

例えば、もし社員同士の裁量で業務を分担できるような職場であれば、

「僕は請求書や契約書のチェックのような細かい数値確認ではケアレスミスが多発してしまうので、電話がけでのアポ取りを担当してもよろしいでしょうか」といったように、自分のウィークポイントが出る業務については他の人に任せてしまい、逆に得意なこと（成果を上げやすい業務）を率先して担当することで、少しでもストレスフリーな環境に近づくことができます。

僕はこの②をやらずに苦い思いをしたことがあります。僕は職場で初めてＡＤＨＤのカミングアウトをしたとき、ＡＤＨＤとはどういったもので、どういったことが大変か、またどういうときにケアレスミスや忘れ物が起こって周りの人に迷惑をかけてしまう可能性があるのかということを伝えました。

しかし、周りの人はそれにどう対応すればいいのか、どういうことに気をつけて接してほしいのかという肝心なことを伝えていなかったのです。

カミングアウトできたことでこちらの気持ちは楽になりました。やっと周りの人に伝えられた、理解者ができた、と嬉しくなって、安心することができ、不安によるストレスは少なくなりました。しかし相手からすると、

「ＡＤＨＤであることはわかったけど具体的に私たちは何をすればいいの？」という感情が生まれてしまいます。また僕がそのとき病院で受診していなかったことも相まって、「サボって楽したいだけなんじゃないの？」という気持ちにさせてしまっていたようでした。こういったことが起こらないように、必ず②を伝えます。

すべてさらけ出すと案外楽になれる

自分をさらけ出すのは勇気のいることかもしれません。理解されなかったらどうしよう。面倒な奴だと思われたらどうしよう。嫌われたらどうしよう。と不安になりますよね。

でも大丈夫です。人間、自分のこと以外にはあまり興味がありません。あなたもそうでしょう？どう思われるのかを気にしてびくびくしているかも知れませんが、そう思っているのはあなただけです。あなたが発達障害であってもそうでなくても周りの人の人生への影響はほとんどない、あるいは全くないと言ってもいいくらいです。大丈夫、一度誰かに話してみてください。意外なほどに周りの反応はあっさりしていることにきっと驚くことでしょう（笑）。

5　腹を割って話せる人を増やす

カミングアウトで自信をつける

一度カミングアウトできたら、次の段階はどんどんとカミングアウトして自分の味方（理解者）を増やすことです。職場以外で普段関わる友達などにも少しずつカミングアウトして、自分が心穏やかに過ごせる場所を増やしていくのです。

本当に腹を割って話せる友人は1人か2人いれば十分だと思いますが、そこから先のカミングアウトは、人に自分のＡＤＨＤのことを知ってもらうというよりも、あなたが他人に本当の自分をさらけ出すことで、自信をつけていけるというメリットもあります。

自然に話せる場を設ける

ここからカミングアウトの具体的な方法をお話します。ここで今まで全然連絡を取っていなかった友達にいきなり「話があるから聞いてほしい」と連絡してもびっくりさせてしまって断られるだけなので、普段職場で顔を合わせている話しやすい人や、自分がたまにご飯に行ったり遊んだりしている友達をランチに誘うなどして、実際に会ってしゃべって場が和んできたところで「実はさ、聞いてほしいことがあって」と切り出すのがいいでしょう。

カミングアウトするときにはこの相手との距離感もかなり大切です。ですが、この距離感を見誤るADHDの人も多いような気がします。ですので、次のことを守ってください。

① **3か月から半年に1回の頻度では会うくらいの友人を誘う（社会人の場合）。最近2人きりで遊んだもしくは以前に何度も2人で遊んだことのある友人を誘う（学生の場合）。**

職場でよく顔を合わせる人であればすぐに誘ってもいいとは思いますが、もう何年もあっていない友達にいきなり連絡しても、相手もびっくりしてしまいます。あなたが学生なら、ただ単に仲がいいだけではなく、2人きりで遊ぶことも多い友達です。

決してLINEなどのメッセージのやりとりで理解してもらえるとなんで思ってはいけません。

LINEで悩みをいきなり長文で打ち明けたりしたら、場合によっては重く受け止められて既読スルーされ、さらに自分が苦しくなる状況になってしまう場合も多いでしょう。LINEで話すことがあってもいいかとは思いますが、直接会って話を聞いてもらうのが基本です。

② 重たい雰囲気をつくらない

これもとても大切な要素です。誘うときもいつも通りお茶や遊びに誘って、いつもの流れで楽しんで、場が和んでいるときに「いや〜最近悩んでてさっ（笑）」ぐらいの軽い感じで相談を始めましょう。内容が真剣な話だとわかれば、相手も真剣に聞いてくれます。

ですが、いきなり重たい空気で話し始めると、聞く側も気がめいってしまいますので、ライトに話し始めるのも大切です。ライトに話し始める理由は他にもあります。実践しているうちに、自分の脳も「あれ、こんなに簡単に話せることなんだ」と錯覚するようになり、どんどんカミングアウトに抵抗がなくなっていくからです。ライトに、まるで「今日もいい天気だね」と話すかのように自分のことについて話すのです。

これは、あなたの態度が相手の態度に影響するからです。

例えばあなたが営業マンだとして、商品をお客様に提案して金額の話をするとき、あなたが申し訳なさそうに金額を伝えると、値段が高いという印象を与え、お客様は購入しづらくなります。逆に堂々としていると、その態度が信頼感を生み、お客様は購入しやすくなります。

6　嫌なことからは全力で逃げる

努力の方向性を間違えない

僕たちＡＤＨＤの人には気をつけなければならないことがあります。それはしたほうがいい努力としなくてもよい努力があって理解していないと大変なことになるからです。したほうがよい努力というのは簡単に言うと「長所を伸ばすこと」、しなくてもよい努力というのは「特性によってできないことを人並みにできるようにと努力して苦しむこと」です。

これは例えば、数百件ある数値の入力をミスゼロでこなせるようになるような努力だとか、忘れ物をゼロにするだとか、３つの作業を同時並行できるようにするだとか、そういう努力のことを言っています。

これらは他の人は努力してできるようになり得ることなので、もしあなたが周りに発達障害であることをまだ知られていない場合、これらの努力を求められることもあると思います。その状態を続けるとあなたにストレスが溜まり、鬱などの二次障害に発展してしまう可能性が高まります。カミングアウトしたり、部署や職場を変えるなどしてその状況から逃げることを考えましょう。

発達障害は努力してどうこうならないものです。努力ですぐ改善できるのであればそれはもはや障害ではありません。できないものはできないと割り切って誰かに頼り、できないことを無理にしないことがとても大切なのです。そうすることで障害を感じないライフスタイルに限りなく近づけることはできます。

環境の選択は生きやすさの選択

仕事においてもできないことばかりが目立つ職場や部署にいると、あなたが苦しむことになります。

「またミスしたのか」

「本当に空返事で人の話を聞いていないな」

そう言われる機会を自分から増やすことになります。そういう環境や状況から逃げるのです。昔から「苦しい状況から簡単に逃げちゃいけない」だとか、苦しみながら頑張ることを美学と捉える人が多い気がしますが、そう考えていると、逃げたときに自分を責めて自尊心を低下させ、行動しようという気持ちを奪われてしまうのです。逃げるときは全力で逃げるのです。そして逃げた自分を褒めましょう。「苦しい状況から離れて偉いぞ。自分を大切にして偉いぞ」と。

どうせ努力するのなら、楽しみながら、そしてその頑張りを評価されながら努力できるほうがよいに決まってます。楽しみながらする努力は努力とは感じません。そうすれば、

「君は頼りになるね」

と褒められることで自信もつき、働くことも楽しくなってきます。

7　いかに楽をするか

深刻に考えないことが楽に生きるコツ

今あなたが苦しんでいるのだとしたら、一刻も早くその環境や状況を脱することです。また仕事のことだけでなく、「本当に辛いときは逃げればいいや」というい意味で軽い気持ちで生きていくことが、幸せを感じて生きるコツではないかなと僕は思っています。

日本では先ほど言ったような「逃げるのは悪」だとか「楽をしてお金を稼ぐのは悪いこと」みたいな考えが未だに横行しています。詐欺でお年寄りを騙したりだとかそういう犯罪はさておいて、法律の範囲内でモラルをもって、誰かのためになる仕事を誇りをもってやっているのであれば、その仕事が楽か苦しいかなんてどちらでもよいことです。

自分が逃げてはいけないと思っているから、逃げて幸せを掴んでいる人が羨ましいのです。逃げればいいし楽をすればいいのです。

いかに楽に生きるかを考える

もうあなたは十分苦しんだんじゃないですか？　これからはいかに楽をして生きていくかを考えましょうよ。脳の特性によって、怒られたり蔑まれたりすることなく、能力を賞賛されて楽しみながら生きられたほうが楽しいでしょう？

あなたにはそれができます。嫌なこと（特性がマイナスに働く状況）からは全力で逃げるのです！

ゲームに学ぶ？　生き方

ファイナルファンタジーでも戦いたくない相手が出てきたら「とんずら」のスキルを使って戦闘から逃げるでしょ？（笑）。自分が戦いやすい相手とだけ戦っていてもストーリーは進められるしレベルも着実に上がっていくのです。物理攻撃が通じない相手に剣でしか攻撃できないキャラクターで戦いを挑む必要はなく、魔法攻撃が得意な仲間に任せればいいのです。わかりますか？（笑）。キャラクターにもそれぞれ、魔法が得意だけど物理攻撃が苦手だとか、このキャラクターは味方をサポートする役だとか、このキャラクターはパワーで押し切るタイプだとか特性があるのです。特性があるからこそストーリーが面白くドラマチックで感動的なものになります。これが全キャラクターのすべての能力が平均的だとなんとも退屈なゲームになると思いませんか（笑）。人生もそれと同じです。

あなたは苦手なことを誰かに任せ、得意なことを全力で取り組めば、それだけで人生が面白くなりますよ。

もしも強いボスキャラが出てきたとしても1人で戦おうとせずに、味方に助けを求めて一緒に戦うことを選びましょう。そして「勝てない！」と思ったら逃げればいいのです。

8　「自分にはできる」という感覚を取り戻す3つのポイント

自尊心が楽に生きる鍵

自尊心というのは、「自分にはできる」という感覚です。幼少期から発達障害の特性を強く出して生きてきた人たちの中には、

「なんでこんなことができないの！」
「どうして片づけられないの？！」

といったようにできない部分を指摘され続け、「どうせ自分なんて」と考えることが習慣化し、自尊心が低下している場合が多々あります。

この自尊心の低下は、生きづらさから脱出することを難しくしてしまいます。自尊心が低下すると、新しいことにチャレンジしようと思えません。自分がチャレンジしても失敗するだけだと、やる前から諦めてしまい行動を起こせません。

職場や職種を変えて自分を苦しめる環境から逃げ、カミングアウトして味方を増やし、できるだけストレスフリーな環境をつくることについてお話ししてきましたが、すべて自分が行動しないことには何も始まりません。そう考えると自尊心の回復が幸せに生きるための鍵だということがわかります。

自尊心回復の3ステップ

僕たちのように脳の発達に偏りをもつ人がそれを乗り越えていくために、まず取り組むべきことが自尊心を回復することです。

自尊心を回復させるために有効なことは、次の通りです。

①　小さな成功体験を積み重ねる
②　自分の小さな成功を褒める
③　誰かと頼り合う関係を構築する

①：「小さな成功体験を積み重ねる」について

どんなに小さなことでも構いませんが、できれば自分が楽しいと思うことがいいですね。趣味でも何でもいいです。例えば毎日100円貯金するとか、出勤時の持ち物チェックリストをつくっておいて、出勤前日の夜寝る前に鞄の中に持ち物がすべて入っているか必ずチェックしてから寝るとか。どんなに小さな成功体験でも、自分の中の「できた」をどんどん積み上げていくことです。小さな成功体験でも習慣化して積み上げると、自尊心の回復を早めることができます。

例えば、先ほどの後者の例で、夜寝る前にチェックリストが必ず目に入る場所に置いておくとします。例えばドアに貼っておくとか、ベッドの上とか、スマホの待ち受けにするとか、寝転んだときに目に入るように天井に貼っておくとかですね。

スマホのリマインド機能で22時頃に毎日リマインドするよう設定しておくのもいいですね。リマインドされたら必ず仕事用のカバンの荷物をチェックするようにしておけば、荷物のチェック自体を忘れることを防げるので、成功体験を着実に積み上げていくことができます。

そういった日常の中での知恵については、詳しくは6章で解説します。

②：「自分の小さな成功を褒める」について

成功体験を逐一褒めましょう。成功体験の直後に、行動を振り返って心の中で自分を褒める時間をちゃんと設けましょう。「褒めることなんてないよ」と思っている方は、何か大きなことや大勢に感謝されるようなことをしないとダメだと考えているからです。

どんなに小さなことでもいいのです。昨日の自分より、ほんの少しでも自分のことがわかったり、ほんの少しでもできることが増えたり、ほんの少しでも生活を楽にできたら自分をまず褒めまくりましょう。

③：「誰かと頼りあう関係を構築する」について

誰かと頼り合う関係を構築するということについてですが、①や②の経験が少しずつ蓄積されてきたら、③のフェーズに移ります。つまり、あなたがカミングアウトしたりして話を聞いて心を楽にしてもらった代わりに、相手に何かをしてあげるのです。

これも、何も大層なことでなくてもいいのです。あなたは常に笑顔で話すことによって相手に元気を与えることもできます。相手の仕事やプライベートの話を親身になって聞いてあげることもできます。いますぐにでも実践できることでいいのです。

与える人であることのススメ

僕は数年前に斎藤一人さんのとある本を読んでから、「与えて生きる人である」ということを実践しています。人からもらうことばかりを考える人ではなくて、与える人です。ここで、「与えて生きる人になる」ではなくて「与えて生きる人である」ということがポイントです。あり方を言っているので、誰でもすぐ実践できます。そのほうが、もらうことばかり考えて生きているよりも人間関係も仕事も金銭面もよっぽどうまくいくからです。

多くの人は、悪気なく人から何かを奪おうとします。それは時間、お金、笑顔などです。そういう人は待ち合わせ時間に平気で遅れます。なぜかというと、自分が待たされるのは嫌で、人には待って欲しいと思うからです。自分の時間を無駄にしたくないのです。

それよりも、相手より早めに到着して、「あの人はいつも礼儀正しく時間通りに待ち合わせ場所に来てくれる」という安心感を与えるのです。目先の利益など優先しようとせず、相手と信頼を築くように生きるのです。

人に何かを与えようと思って生きていると、信用や信頼がそこに生まれます。また会いたいと思われます。人はあなたの笑顔や話に元気を与えられ、またあなたに元気をもらいたくなるのです。こうすることで持ちつ持たれつの関係が生まれます。

あなたも誰かと頼り合う関係を築くため、まず自分が相手に何か与える存在でありましょう。頼られているという実感はあなたの自尊心を育てていきます。

人は環境の生き物

この章では発達障害の特性をもつ僕たちが身の回りの環境を整えることの重要性についてお話してきました。

人は環境の生き物です。よくも悪くも必ず環境に左右されます。環境に左右されない不屈の精神の持ち主など全人類の1%もいないでしょう。あなたがその1%でない限り、この環境を整えることを徹底しましょう。オリンピックのアスリートのような強い心の持ち主であっても、コーチや練習環境、そして住む国にすらこだわるのです。

日々の仕事が楽しくストレスフリーでこなせて、職場の人との関係が良好で、ウィークポイントが目立たず、得意なことや仕事の成果を褒められる環境にいれば、あなたはとても幸せを感じながら生きていけます。だからこそ何を優先して環境を選択するのかが大切ですが、それはこの章で述べてきたとおりです。

さあ、環境を変える一歩を踏み出しましょう！

4章

好きなことを仕事にすれば武器となる

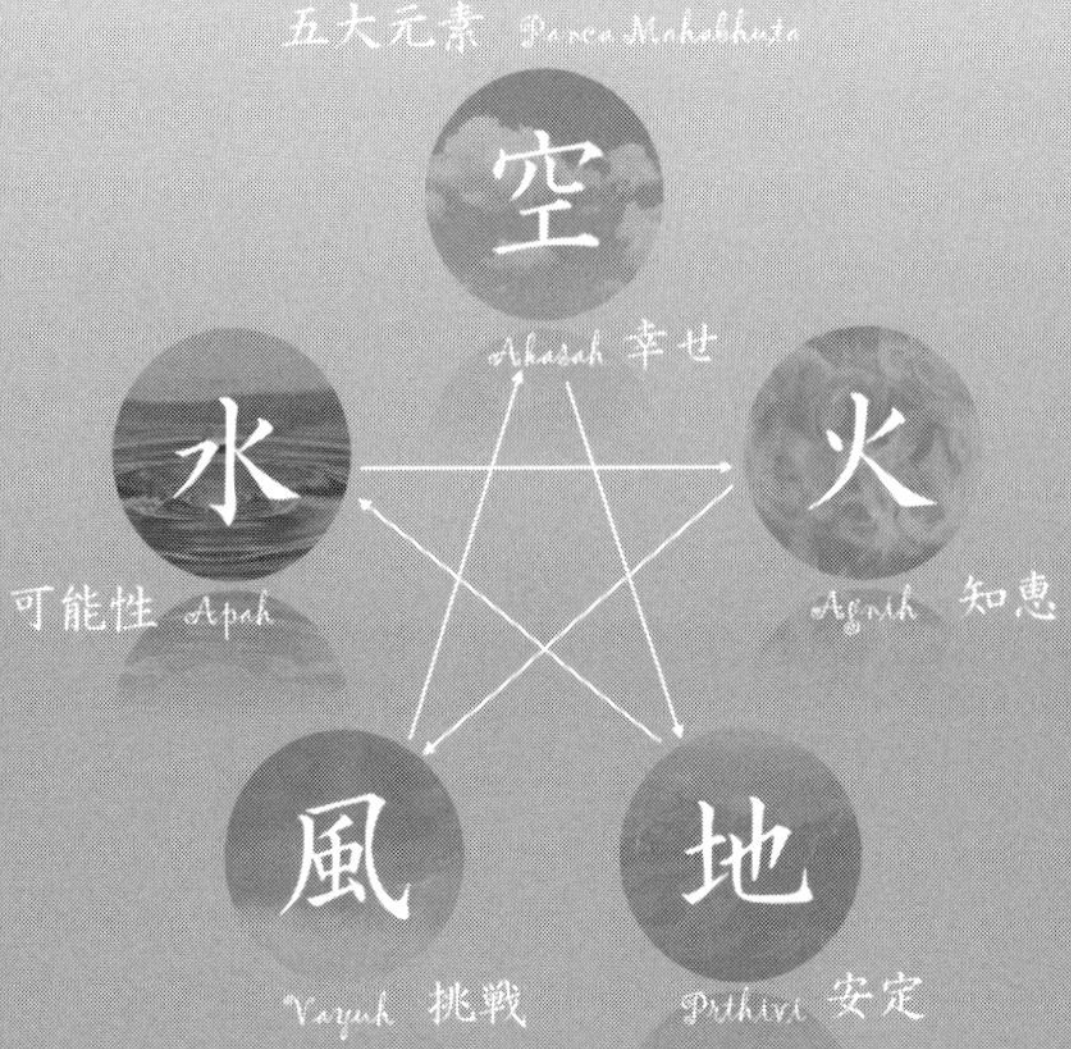

1　没頭できることを探し続ける

好きな仕事を

好きなことを仕事にできればどんなに楽しいでしょうか。社会人になってから僕はそう思って、好きなことを探し続けてきました。そして今自分が大好きなヨガインストラクターという職に出会えました。

好きなことをなかなか見つけられない人は、これから僕がお話することを実践してください。僕たちの多動性が役に立つのです。

多動性という武器

多動性は僕たちの最大の強みです。多動性と言えば「注意散漫で1つのことに集中し続けることができず、興味が次から次へと移り変わっていろんなことが中途半端になり、周りが見えておらず、他の人に迷惑をかけている」といった具合にネガティブに解釈されることが多いように思いますが、現代社会において、多動性ほど武器になるものはありません。

前の章でＡＤＨＤをもつ成功者と呼ばれる人たちに共通していることは、好きなことを仕事にしていることだと言いました。ではそもそも好きなことはどうやって見つければいいのでしょうか。

これはＡＤＨＤじゃない人でも気になるテーマではないでしょうか。この好きなこと探しでも、僕たちの多動性はプラスに発揮されます。

四の五の言わずに実行に移す

僕も今好きなことを仕事にできているわけですが、ここに至るまでに貫き通してきたことがあります。それは、好きなことが見つかるまで探すことをやめないことです。探すといっても、ただ単にGoogleで検索するとか、ネットニュースを読んで知った気になるのではなくて、実際に取り組んでみることです。興味が湧いたことを次から次へとやってみるのです。

これは小学生や中学生の頃なら、授業中に急に絵を描き始めたり、全く関係のない作業をし始めたりして怒られてきた僕たちの得意分野です。趣味でもなんでも構いません。まずやってみるのです。それがこの先自分の仕事になるのかどうかなんてことをいちいち考える必要はありません。まずやらないことには、探さないことには何も見つかりません。

あなたは世の中で経験できることの1割も経験していない

例えば、小学生に「ハイボールは好きですか？」と聞いたとします。そう聞かれて「はい。好きです」と答える小学生はいないのです。それはハイボールに出会ったことがないし飲んだことがないからです。その小学生がいくら家のパソコンや親のスマホを使ってgoogleでハイボールについて調べたところで、実際に成人して飲んでみるまで自分がハイボールを好きかどうかなんてわからないわけです。

他のすべてのことについてこれが当てはまります。僕は「あなたはプログラマーの仕事が好きですか？」と聞かれても、やったことがないので「わかりません」としか言えませんが、「あなたはヨガインストラクターの仕事は好きですか」と聞かれたら「はい」と答えられます。

僕は、自分が事務処理の多い個人営業と法人営業が苦手であることを知っています。何故ならやったことがあるからです。やったことがないことが好きなのかどうかは永遠にわかりません。だからこそ、多動性を活かして興味の湧いたことを次から次へとやってみることが大切なのです。

好きなことが見つからないと言い続けている人には共通点があります。それは行動を起こしていないこと、行動したとしても1回したくらいで辞めてしまっているということです。

2　最低限の準備と大量の行動

行動があなたという人間を構築する

やってみることに関して、第2章の「できることとできないことの整理」でお話したように、ある程度自分の特性に合うと予想されるものに取り組んでいくのがいいでしょう。

しかし予想したところで実際にやってみないと、自分がどういったことでつまずき、どういったことを嬉しいと感じるのかわかりません。簡単にわかった気になるのではなく、いろんなことに手を出して挑戦を続けることで、少しずつ自分の特性や気質への理解も深まっていくのです。

それを繰り返す中で「あ、もしかしたら自分はこれが結構好きなのかもしれない」というものに出会ったら、半年から1年くらい徹底的にやってみることです。もし本当に自分がそれを好きで1年間本気で取り組んだとすれば、あなたはその道にある程度精通した人になることができます。どんな分野でもそうです。1年間本気でやれば、一般の人から見て「すごく詳しいですね」と言われるくらい、その道での基礎知識やスキルはある程度習得できます。

特性の扱い方が大切

僕たちには過集中という武器もあります。ご飯を食べるのを忘れてゲームばっかり何時間もしていたら、そりゃそのゲームが友達よりうまくなりますよね。アイドルが好きすぎて異常に詳しくなっているいわゆるオタクの活動も同じ。そのぐらい自分が情熱を注げる何かに出会うため、とにかく行動し続けるのです。調べるだけではなく、実際にやってみるのです。そして何か行動を起こすときに、大切なことがあります。

それは準備する期間を決めることです。あなたがＡＤＨＤの人でなければ、準備などせずにさっさと行動に移してから考えましょうと言いたいところですが、僕たちＡＤＨＤの人は準備しなさすぎて失敗することが多いと思います。僕はそうでした。見切り発車で行動し過ぎて、どんどん借金が増えた経験があります（笑）。

今となっては笑い話ですが、笑えない事態に陥ることもあり得ますので気をつけましょう。

準備は大切！　でもやりすぎに注意

行動を起こす前に最低限、どんなリスクがあるのか、最悪の事態が起こった場合にはどのように対処するのかを考えます。この2つのポイントだけはきっちり調べて、その対応策を考えてから行動を起こしましょう。

もちろんその行動が新しい趣味をはじめることなら何も考える必要はないですが、金銭的なリスクのある挑戦だったり、行動の結果によって自分の周りの状況が大きく変わるようなものであれば、事前にしっかりこの2つの対策を考えます。

自分がやろうとしていることを既にやったことがある人から、何に気をつけて取り組めばいいのか、何に時間を割くと効果的かを事前に聞いておくのです。そして自分はそれができるかどうか、できるだけ具体的な方法を考えておきます。

ただ準備に終わりはありません。準備ばかりしていていつまで経っても行動に起こさない人がいます。それでは何も変わりません。

「最低でも3日を準備期間にして、3日後には必ず実行する」など自分で期日を設けるとよいでしょう。準備は必要最低限で構いません。

3　挑戦が人生を豊かにしてくれるワケ

ファイブエレメンツヨガの教え

挑戦すること（行動すること）についてFEYの哲学から考えてみます。

僕たちは人生の中でなぜ挑戦するのでしょうか。一度挑戦のない人生を考えてみましょう。ただ同じ毎日が続き、時間がただ流れていく。そこには成長がありません。僕たちが何かに挑戦するのは、人生の質を高めるためです。

精神的にも肉体的にも経済的にも豊かに暮らしていくために、その質を高めるために日々何かにチャレンジするのです。つまり、幸せに生きていくためにチャレンジし続けるのです。チャレンジすること（行動すること）によって、次のことがわかります。

・自分の現在の能力
・目標と自分との距離感
・目標を達成するために取り組むべきこと
・その行動の質をどうすれば高めることができるか
・その行動が自分にフィットするかしないか

何かにチャレンジすると、様々な情報が得られます。それらは次の行動へのガソリンとなるのです。チャレンジはFEYで言う「風の要素」です。そしてチャレンジのための準備やリスク管理が、安定感を司る「地の要素」であり、この風と地のバランスを整えることで快適に生きていくことができます。

挑戦と安定のバランス

僕が向こう見ずなチャレンジばかりして借金がかさんでいたときは、風の要素が多い割に地の要素が全くと言っていいほどなかったんですね。3歳児を想像していただくとわかりやすいでしょうか。

3歳児は興味の赴くまま、立ったり座ったり歩いたり、何かを口に入れたり触ったり、常にチャレンジをしています。しかし3歳児に「レモンは酸っぱいから少しだけしか噛まない」というリスク管理などできるはずもなく、レモンに思い切りかぶりついて、泣きじゃくるのです。常にチャレンジしていますが、安定感はまるでありません。

成長して年齢が上がると、経験や知識が蓄積されて、ある程度考えて行動するようになってきます。そうして安定感が養われていくわけです。この風と地のバランスが大切です。両方とも必要なのです。

ところがADHDの人は風の要素が極端に強く、好奇心の赴くままにすぐ行動してしまうところが、3歳児とほぼ変わりません（笑）。ですから行動を起こす前に必要最低限リサーチして、リスク管理を行うことを習慣化するのです。それさえすれば、僕たちの多動性は最大の武器となります。

行動力こそが武器になる時代

現代の日本はＩＴ化が進んで情報が溢れています。google で検索するだけで、大概のことは誰でも平等に知れるようになったのです。一昔前は知っていることが価値になりました。専門的なことは一部の人しかわからずに、それが仕事に応用できる場面が多かったのです。

しかし今ではクックパッドを使えば高級レストランの味を自宅で再現できます。一流シェフしか知らなかった情報を、誰でも知れるようになったのです。つまり調べればわかることを知っているというだけでは、あまり意味がないということになります。ここでの意味がないというのは、経済的な価値を生み出せないということです。

他の例を挙げてみましょう。効率的に体脂肪率を落とすトレーニング方法や、利益を出す株式投資のノウハウ、幸せに生きるための考え方、心身を健康に保つためのヨガの知識、自己実現していくためのアドラー心理学のような専門知識、成功者と呼ばれる人たちが習慣化していること、何でも調べられます。こんなにも誰でも何でも知れる世の中なのに、上手くいっている人と上手くいかない人たちがいて、後者の割合が多いのです。その多くの理由は、知っていても実際に行動に移せないからです。

いくら本書を読んでも、日常の行動を何１つ変えなければ、あなたの生活は何も変わりません。多動性、つまり行動力こそ僕たちの最大にして最強の武器です。

今日から何か1つ、新しいことを始めましょう。自分の人生に大きな影響を与える素晴らしいものに出会うために。大好きな仕事や大好きな人に出会うために。

4　あなたのファンを増やす

会いたい人がいますか？

3章では自分の味方を増やすことに触れましたが、次はファンを増やしていくことについてです。あなたのファンが増えると何がいいのでしょう？

あなたのファンというのは、あなたに「会いたい」と思っている人です。その人たちが多数いるということは、あなたが沢山の人に何かを与えながら生きているということです。ファンの存在は、あなたが今現在フリーターであろうとサラリーマンであろうとどんな働き方をしていようと専業主婦だろうと大切です。

ここで誤解しないでいただきたいので念のため書いておきますが、あなたはもう既に価値ある存在であり、あなたの家族にとってあなたは既に必要な存在であるでしょう。そういった話とは別に、ここではあなたが自分の力でＡＤＨＤの気質を活かしながら社会を渡り歩き、経済的価値を生み出せるようになるという視点でお話しします。

もう一度言いますが、ファンというのはあなたに「会いたい」と思っている人です。逆にあなたに

〔図表６　魅力的な人との違い〕

魅力的な人と僕との違い
専門的な分野のスキルがとても高い
僕より笑顔が素敵
会えば元気をもらえる
聞き上手
気持ちよく話をさせてくれる
共感してくれる
意見や考えを尊重してくれる
絶対にブレない軸を持っている
こちらに嫌な感じを与えずにアドバイスをくれる
僕より有言実行している
僕より行動力がある
感謝をよく口にしている
愚痴や弱音を言わない
僕の良いところを見ていてそれを僕に教えてくれる

は「会いたい」人がいますか？　もしいるのであれば、その人とあなたとの違いは何でしょうか。

比較は自分に何が必要か分析すること

ここで上げ足を取るように「ヨガは比較しないんじゃない？」ということを言う人は帰ってください（笑）。比較しないというのは、それによって自分を過小評価したり落ち込んだり、逆に傲慢になったりしないでおきましょうということだと僕は解釈しています。

今の世界、どこに行っても何かと何かを比較して考えます。比較して違いを分析して自分の活動に役立てるのはとてもいいことです。

誰でも魅力的になれる

さて、話が少し脱線しましたが本題に戻ります。

あなたが会いたいと思う人とあなたの違いは何で

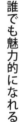

しょう？　僕は約5年前にこれについて考えて、その違いをリスト化して実践しました（図表6）。
幸いなことにこのリストの中に僕たちにできないことはありません。専門的なスキルの会得も過集中の特性のある僕たちの得意分野ですし、その他は今すぐに実行できることばかりです。つまり僕たちは誰かをファンにする力のある存在だと言うことです。

5　自分のブランド力を高める

専門スキルを伸ばす

前のチャプターのリスト内の項目で、まず専門的な分野のスキルがとても高いということについてですが、これも大切な要素です。あなたが今そのスキルをもっていないとしたら、これから身につければいいのです。

これは、あなたが周りの人にどういう人として認識してもらいたいかということでもあります。例えば、僕は「ヨガインストラクター」として認識してもらうためにヨガの勉強は惜しみません。解剖学や哲学などの知識面についても、ポーズの綺麗さや指導技術の実践面についても時間のあるときには練習、研究するようにしています。そして休日にはヨガイベントを企画して、知人友人に知らせて参加者を募り、参加してくださった人たちに満足してもらえるように日々試行錯誤しています。

イベント後にはそのイベントの様子をまたSNSで発信し、短いレポートを書いて情報を拡散しています。だから僕は今、小中学校時代の同級生や高校の同級生、大学時代の友人や社会人に出てから知り合った人、どんな人にも恐らく「活動的なヨガインストラクター」として認識されています。

そしてこれを繰り返しているうちに専門的な分野のスキルを高めながら、知っていただける人も増えてくるのです。そしてこれが僕というブランドを創っています。

1つのことに馬鹿みたいにハマる

これはあくまで僕の1つのやり方ですが、どんなやり方でスキルを上げるにしても共通して大切なことは、自分の好きなことに熱中して学びを深めること、そこで得た知識を周りの人に還元する機会をつくること、情報を発信すること、これらの3つの要素です。

とくに情報発信は本当に大切です。今はあなたの趣味でも特技でもそのスキルをネットで販売することができる時代です。結婚式のムービーを3万円でつくりますとか、キャッチーな商品紹介POPを500円で書きますとか、あなたが買ったプラモデルを綺麗につくって塗装してお返しします（金額は商品の大きさで決める）とか、何でもアリです。

英語が得意ならairbnbを使って外国人向けに何かの体験教室をしてみたり。いくらあなたが専門分野の勉強を頑張っていてスキルが高かったとしても、誰にも知られていなければそのスキルを発揮できません。

知られる努力も大切

ＳＮＳでの情報発信を嫌がる人もいますが、僕は大いに活用すべきだと思っています。今はこういった新しいツールについて知っているか知らないかであなたが今後の人生でできることの幅が大きく左右されます。時代の変化に柔軟に対応して積極的に情報発信しましょう。

今この地球上で生き残っている動植物は、環境の変化に柔軟に対応してきた結果生き残っているのです。対応できなかった生物たちは絶滅してきました。自然の摂理は絶対です。

情報発信に使うものは、インスタグラムでもツイッターでもフェイスブックでもブログでもその他のＳＮＳでも何でもいいと思います。自分が楽しみながらノンストレスで継続できるものを選択しましょう。この常日頃からの情報発信は後々あなたの財産になります。あなたを紹介する名刺代わりにもなりますし、あなたの考えやあなたの人となりを紹介してくれるツールなのです。

6　目の前の人にファンになってもらうには

人の承認欲求を満たす

そして話は戻りますが、【図表６魅力的な人との違い】を分析すると、「人の承認欲求を満たすこと」が大切だということがわかります。承認欲求を満たすというと言い方が冷たく聞こえるかもしれませんが、大切なことなので是非実行していただきたいのです。人は皆誰かに認めてもらいたいと思って生きています。自分の存在を認めてもらいたいし、あなたは価値ある存在だと言われると嬉しいのです。では、相手の承認欲求を満たしてあげるために自分ができることは何なのでしょうか？

それは、「そうだね」と共感して話を聞くことなのです。それだけです。深く頷きながら「そうだね」と言われると、なんだか「大丈夫。あなたは1人じゃないよ」と言われたような気になります。意見を認めてもらえると嬉しいのです。

これは【図表6魅力的な人との違い】の中の、会えば元気をもらえる、聞き上手／気持ちよく話をさせてくれる、共感してくれる／意見や考えを尊重してくれる、を満たす行動ですね。

あなたの正しさを相手に押し付けない

相手と意見が食い違ったときに「そうだね」だなんて思ってもないことは言えないという人がいます。そういう人は、誤解を恐れずに言わせていただくと愛がないのです。意見が食い違っているとき、あなたにはあなたの中の正しさがあるように、相手には相手の中の正しさがあります。あなたはそれをぶつけ合って「私のほうが正しい！」と言ってマウントを取るために勉強しているのではないでしょう？

日常会話なんてその内容はどうでもよいことがほとんどです。お互いの仲を深めるための会話のはずです。この目的を忘れないことです。

今本書を読んでいるあなたが「岩渕さん、それは違うんじゃない？」と仰るなら、僕は迷わず「僕もそうじゃないかと思ってたんですよ」と言います（笑）。

正しいことだけ主張する人はつまらない

例えばですが、あなたがAさんとカナダに旅行でオーロラを見に行ったとします。Aさんが「オーロラは神様が私たちを祝福してくれている証なんだよ。だからきっと明日はいいことがあるよ」とあなたに伝えたとします。でもあなたはオーロラが発生する原理を知っていて「違うよ。オーロラっていうのは太陽の表面が爆発したときに出る太陽風という電磁波が地球に降り注いだときに見えるんだよ」と言ったとします。

こんな人は嫌われますよね（笑）。オーロラがどんな原理で発生してようが、ほとんどの人にとってはどうでもいいことです。それを間違ってるよと指摘したところで、あなたが嫌われるだけです。それよりも、「きっとそうだね。神様が祝福してくれるなんて幸せだね」とサラッと言える人が好かれるのは明白です。少なくとも僕はそういう返事をサラッとしてくれる人は素敵な人だなと思いますし、とても好感をもてます。

わかり合えないと感じる人とは距離をとる

相手の意見がよいか悪いかをあなたが判断するのではなく、ただ相手の意見を受け入れる練習だと思って一言、「そうだね」と言いましょう。もちろん、人殺しや法を犯すような盗みであったり不倫などの極論は除きますよ（笑）。そんなことまで「そうだね」なんて言ったら僕の信用も何もないでしょう（笑）。

もし仮にあなたがそういう話で同意を求められたり、どうしてもこの人とはわかり合えないなと思ったら、すぅ〜と上手にその場から離れればいいのです。そして危険だなと感じたら、敢えて深く関わらないようにします。愚痴や誰かの悪口ばかり話し合っているグループがあったとしたら、僕はす〜っといなくなります(笑)。自分まで影響されてしまいますからね。プラスの影響を与えあって互いに成長して行ける人たちと関わって生きていきたいですね。

口癖はあなたという人間の土台になる

そして目の前の人にあなたのファンになってもらうには日々発する言葉も大切なのです。図表6の、感謝をよく口にしている／愚痴や弱音を言わない／僕のよいところを見ていてそれを僕に教えてくれる、これら3つを満たすことですね。

ありがとう。嬉しい。楽しい。幸せだな。こういうポジティブな言葉は言っているだけで自分の心が穏やかになり、幸せを感じ安らげます。

「別に私は自分のファンなんていらないから話す言葉まであなたに決められる筋合いはない！」という人はそれでも構いませんが、大切なことをわかっていません。

あなたが愚痴、泣き言、不平不満などネガティブな言葉ばかり言っていると、周りにいる人のテンションまで下げてしまうのです。人から元気を奪うのではなくて、与える人であるのです。

もちろん、本当に困っているときに誰かに相談して弱音を吐くことがあってもいいと思いますよ。しかし毎日毎日それをして幸せに暮らしていけるのかどうかを一度考えましょう。

行動はあなたの人生を創る

次に、【図表6魅力的な人との違い】の中の、有言実行や行動力の項目に関しては、とにかくまず何でも実践することですね。本書に書いてあることも、読んだだけで何も実践しなければあなたの日常に変化は起こりません。

しかしあなたが今日から「自分は人に何かを与えて生きる人であるんだ」と決心すれば、これから先の人生がガラリと変わることになります。

もしあなたにとって新しいもので、それがよいことだと感じるのであれば、何か1つでも今日実践してください。

実践し始めてしばらく経って気づいたときには、あなたの周りはファンで溢れていることでしょう。ポジティブな言葉遣いを心がけることは、自分のファンを増やすのみならず、自分の心をキレイにしておくことにも繋がります。行動することがあなたの思考にもいい影響をもたらすのです。

自分の心をキレイにしておくことはヨガではシャウチャと呼ばれ、これも人生を豊かにするための心の鍛錬です。

7　継続するために楽をする

飽きっぽい僕たち

好きなことを仕事にしていく過程で大切なことがあります。それは継続するということです。ADHD傾向にあるあなたはとても飽きっぽいのではないでしょうか。好奇心が次から次へと移ってしまうんですよね。そして1つのことにしか集中できないので、必然的に今まで取り組んでいたものを手放して次に興味が出てきたものに取り組む。どんな人にでもある気質だとは思いますが、ADHDの人はこれも極端です。この極端な飽きっぽさも会社のような1つの組織に属することを難しくしている1つの原因なのではと僕は感じています。

僕は高校生のときに大好きなピアノを練習していたときでさえ、「弾きたい」と思った曲を練習しだしてもサビが弾けるようになってきた頃にはもうその曲に飽きていて、未完成のまま次の曲の練習を始めるということばかりしていました。飽きっぽいというのは様々なことに挑戦できるいい側面がある一方、何かを最後までやり遂げることの障壁になることも多々あります。

この特性はいい部分でもありますから、無理に治そうとする必要はないのです。しかし飽きてきたことにモヤモヤしながらずっと取り組むのは、力も発揮できずにストレスも溜まります。ではどうすればいいのでしょうか？

継続するために必要なこと

僕が思う継続に必要な要素は、次の2つです。

・楽して続けられる仕組みをつくる
・「飽きない工夫」をする

これら2つはADHDの人たちが日常生活や仕事のすべての面において特に意識したほうがいいことです。とても楽しいことであっても、楽しさを感じるまでに長い時間を要したり、行程が複雑で何度もするのが億劫になってしまうことを継続するのは困難です。

まずは自分がどういうときに飽きてしまうのか、その飽きるまでの過程をできるだけ詳細に箇条書きにしましょう。そして楽をして続けられる仕組みをつくり、飽きないように工夫するのです。飽きが来ても大丈夫な対策を立てるでもいいですね。

僕が好きな曲を弾くためにやったこと

例えば、僕がピアノの練習に飽きるケースは次のような場合です。

・8割くらい曲が完成すれば飽きる
・1週間集中的に練習すれば飽きる
・サビ部分が弾けるようになると飽きる（というかその他の部分にあまり興味がない）

そう考えると僕がピアノを効率よく練習しようと思った場合、次のようなことに気をつけて取り組むといいとわかります。

・演奏時間の短い曲を選ぶ
・1週間程度練習すれば完奏できる難易度の曲を選ぶ
・最も弾きたいサビ以外の部分をまず練習する（サビが弾けるようになって練習に飽きてしまったときには完奏できる状態にするため）

僕はこういう方法で練習するようになってから、初めて完奏できる曲のレパートリーができました。もちろんこの方法でも上手くいかないときもありましたが、上手くいく確立はかなり上がりました。仕事でも同じです。自分が楽をして続けられるルーティンをつくるのです。ストレスフリーで働ける環境を整えた上で、自分の特性や気質からケアレスミスや忘れ物ができるだけ発生しないようなルーティンをつくるのです。これらによって飽きづらく継続しやすい仕組みができます。

初めて実践するときに仕組化を考える

そして、何か新しいことを始めるときにも同じことが言えます。例えば僕の仕事のことを言うと、ヨガイベントを複数、継続的に開催できていますが、それはできるだけ簡単に開催できるよう自分の中でルーティンをつくっているからです。

イベントの告知や集客、当日の流れをある程度自分の中でパッケージ化し、自分に負担がかからないように上手に運営するのです。面倒臭いことを頑張るのではなく、面倒臭くならないような仕

組みをつくることを頑張るのです。例えば、

・告知文はある程度決まったフォーマットをつくり、日付とその日の内容以外はすべてコピペで対応できるようにする
・イベント会場のオーナーと相談し、次回かその次くらいまで日程を決めておく
・イベント参加者の管理はiPhone標準のメモアプリで随時行う
・Googleカレンダーのアプリを使って予定のリマインドをする

などです。

スマホを活用する

告知についてですが、僕は主に自分のイベントをインスタグラムで告知しています。

このときの告知文やハッシュタグもあらかじめつくったものを毎回コピペしています。告知文は多少変更などを施しますが、ゼロから考えるよりかなり労力が少なくて済みます。また、ハッシュタグを1つひとつ考えるという作業をしている間に、他のことに気を取られて作業が進まなくなってしまうのを防げます。こういったコピペする元のテキストはiPhone標準のメモアプリに入れておきます。投稿画像さえ用意すれば、投稿するのに1分とかかりません（笑）。

そして、次回か次々回までの日程をあらかじめ決定しておくということについてです。これをすれば一度イベントが終了した後の燃え尽き症候群によって、次回が開催されないという事態を防ぐ

ことができます。あらかじめイベント会場のオーナーと日程について相談し、イベント当日は終了後にまた先の日程をあらかじめ決めるといった感じです。

忘れ物を防ぐリマインド

イベント参加者の管理ですが、これもインスタグラムやフェイスブックのメッセージ機能、ＬＩＮＥなどで参加の意思表明があった人から随時メモアプリに追加して一箇所にまとめて保存しておきます。こうすれば抜け漏れのリスクを限りなく小さくできます。

またイベントの日程を忘れてしまわないように、googleカレンダーのリマインド機能を使います。イベント開始時刻の3時間前にリマインドするように設定していますが、僕はこのリマインド機能に何度も助けられました。すっかりイベントがあるのを忘れてしまっていたり、誰かと会う約束を忘れてしまっていた日でも、3時間前に気づけば間に合います。これらは僕のイベント開催に限ったことではなく、日常生活のあらゆることに応用できます。

自分の特性を飼い馴らす

何度も言うようですが、継続するためにまず必要なことは、いかに楽をして続けられるようにするかを考えることです。僕は楽に生きることばかり考えています。しなくていい苦労はできるだけしたくありません。できるだけ遊ぶように毎日を過ごしたいのです。努力するなら楽しい努力がいいのです。苦しい努力は手放すのです。努力の方向性を間違えないようにと気をつけています。そういう考えでずうっと生きてきたら、気づいたら今自分が好きなことばかりしていました。毎日が楽しくて仕方がありません。ちなみに本書を書くのも、半分くらいはスマホのメモ機能を使って書きました（笑）。

もちろんパソコンがいい場面もあるのですが、スマホのメモ機能を使えば、電車の移動時間とかちょっとした待ち時間に思いついたことを書き留めることができます。それに、いちいちパソコンを開かなくていいのでパソコンを持ち歩かなくてもいいですし、ゲームのアプリを触る感覚で仕事ができるのです。発達障害に立ち向かうのではなく、発達障害と上手く付き合うことが大切です。

実行あるのみ

あなたもいかに楽をして生きるかをこれから考えてみてください。自分からわざわざしんどい思いをしに行く理由は何もありません。

さあ、今紹介したことで自分に今できることがあれば今すぐやってください。

毎日同じような内容のメールを送る必要があるならコピペのテキストをつくって下書きフォルダに入れておくとかそんなことで構いません。

思いを行動に変えると、その行動がいつしか習慣になり、習慣はあなたの人格となって、その人格があなたの人生を豊かにするのです。

8　自分の可能性を人のために使う

他者を幸せにする

この章の中で僕が最もお伝えしたいセクションです。自分の可能性を人のために使う。これは「与える人である」ということでもあり、ＦＥＹの水の要素に当たります。ＦＥＹの哲学で言うと空↓地↓水↓火↓風の順番なので、３段階目ですね。（図表1参照）

「自分の可能性を人のために使う」と言っても何か大きなことをしなければならないというわけではありません。基本的にはお年寄りに席を譲るだとか、笑顔で人に元気を与えるだとか、これまで僕がお話してきたことをただ実践すればいいのですが、このセクションでは特に好きなことを仕事にしていくという視点でお話しします。

感謝の心で仕事をする

ここまでもお話してきましたが、感謝の気持ちをもって仕事をすることが大切です。それが自分の可能性を人のために使うことに繋がっていきます。何故かというと、感謝の気持ちをもっていると周りの人に恩返ししようと思い、その恩返しの行為こそが自分の可能性を人のために使うということだからです。僕は営業のサラリーマンをしているとき、感謝の念など一切もっていませんでした。

「今自分がこの仕事をできているのは自分の決断の積み重ねの結果であって自分の実力だ。早くここで認められるように、自分の力でのし上がるためにも、成功したら認められそうな仕事を任せてもらいたい。面倒なことはごめんだ」

冗談抜きで僕はこんな風に考えていたのです。思い上がるのもいい加減にしろ！　といいたくなりますよね（笑）。あなたがそう思ったように、こういう考えだと周りの人に応援などしてもらえません。こんな思考では上手くいくはずがないのです。

僕は自分が自殺する手前まで追い込まれてやっと、働けることのありがたさ、仲間がいることのありがたさ、家があることのありがたさを痛感し、自然に感謝しながら日々を送ることができるようになりました。

そして感謝の心で仕事に取り組むようになってから、すべてが上手く回るようになっていったのです。仕事でも評価され、お金もたまり、心も安定してきて、次第にＡＤＨＤに振り回されずに生活できるようになっていったのです。

感謝し感謝されるループに入る

感謝の心で仕事していると、「仕事仲間を助けよう。仕事仲間に楽をさせてあげよう。この作業を僕が先にしておけばきっとこの人は助かるだろう」と、気の利いたことが自然とできるようになります。そうすることで仕事仲間にも感謝され、自分が困ったときに、「助けてあげるよ！」と手を挙げてくれる人が増えていくのです。そうするとどんどん働きやすくなっていって、あなたはますます評価され、仕事のスキルも上がり、仕事を楽しめるようになります。

周りの人の役に立てることがないかを常に考えるクセをつける

僕もそうでしたが、自分の忘れ物やケアレスミスなど注意欠陥の特性に振り回されたりしているときは、自分のことばかりに意識が向きがちです。

またミスしないだろうか。同じミスを繰り返すのが怖い。また忘れ物をしてしまった。周りの人からの信用をなくすのではないだろうか。陰で悪口を言われていないだろうか。

そう思う気持ちはわかります。しかし職場とは本来、企業の利益のためであったり、周りの人たちの役に立つために自分には何ができるかを考えて行動する場所です。

あなたがもし、まだ自分のことしか考えられないのであれば、まず第2章〜第3章に書いてきたことを実践してください。自分のウィークポイントを知って認め、よき理解者を増やし、ウィークポイントが出にくい職場で働くのです。その環境がある程度整ってきて気持ちに余裕が生まれたら、今度は主体的に周りの人の役に立てることはないかを常に考えるようにしましょう。

どういうことが周りの人の役に立つのかわからなければ、人に聞いてみて、自分の中にストックしていくといいですね。周りの人たちから感謝されていることをあなたが実感し始めた頃には、あなたはもう発達障害の自分が好きで、その特性の活かし方も十分にわかっていることでしょう。

9　休日はマインドフルに過ごす

気持ちも休まる休日を

あなたは休日に何をして過ごしていますか？　このセクションでは僕の思うＡＤＨＤの人にとっての効果的な休日の過ごし方をご紹介します。

その過ごし方とは、マインドフルネスな時間を過ごすことです。マインドフルネスに関しては第2章で解説しましたが、今に集中するということです。休日は休日に集中し、遊びのときは遊びに集中します。

頭が休まらない原因を考える

そうしたいけどできないんだよ！　という人も多いと思うので、逆に遊びに集中できない理由もしくはあなたの脳を集中できなくする要素があるとしたら、それは何なのかを考えてみましょう。

多動性や衝動性の他に、次のような理由もあるのではないでしょうか？

- よくない人間関係がある
- 出社してまたＡＤＨＤを発揮してミスするのが憂鬱
- 仕事が面白くない

・休日にもやらなければいけない仕事がある
・ＡＤＨＤの悩みを相談できる人がおらず孤独を感じる
・金銭管理が上手くできずにお金に余裕がない
・家でも注意ばかりされて気持ちが休まらない

　これらの悩みは、ここまでお話してきた第2章と第3章の内容が実践できてくると少しずつですが緩和されていきます。ここまで第3章までに解説してきたことが本当に大切なので、まずそれをしてほしいのですが、できる範囲でこの休日の過ごし方も並行して進めていくといいでしょう。その方法をこれからお伝えします。

リフレッシュする予定を具体的に決める

　ここで皆さんに僕から提案です。リフレッシュすることも、あなたのルーティンに入れてみてはいかがでしょうか。例えば、週末は必ず銭湯に行くとか映画に行くとか、読書するとか。何でもいいですが、いいモチベーションでまた仕事に向かえるように心身を回復できるものです。そしてそのときは仕事のことは考えずに、銭湯や映画や読書に集中するのです。

　銭湯は別の章でもお話したように必ずと言っていいほどマインドフルネスな状態になるのでおすすめです。映画もそうですね。映画についても、ハラハラドキドキするようなアクション系の映画よりは、ヒューマンドラマが描かれるようなほっこりする映画が効果的なのではないかと個人的には思います。

あとは似た例を挙げるとテレビドラマやアニメ、その他観ると元気になれるような動画を時間を決めて観るのもいいと思います。

僕を支えた「アナザースカイ」

僕は営業マン時代に金曜の夜に必ずテレビを観ていたのですが、今田耕司さんがMCを務める日本テレビの「アナザースカイ」を観るのがルーティンでした。「アナザースカイ」は芸能人や有名な起業家さんがゲストとして出てきて、自分の人生の大きなきっかけになった第二の故郷「アナザースカイ」として海外の土地を紹介する番組です。その日のゲストが想い出の土地を、当時を振り返りながら紹介して「あの頃は何もわかってなかったけど、がむしゃらに頑張ってたなあ」とコメントしたりします。今活躍している人たちも、当時は大変だったんだなと思うと、自然に前向きな気持ちになれるのが好きでした。

僕が最も苦しかった時期に観ていたのが、芸人の陣内智則さんの回、鉄拳さんの回、そしてTeamLabo社長の猪子寿之さんの回だったのですが、今でもたまに観たくなって、録画してあるものを観返します。観ると元気が出て、よし頑張ろう！　と思えるのです。もう駄目だと思って心が折れそうになったとき、録画してあるアナザースカイを観て何とか頑張れたことが何度もあります。

僕にとってそれは心の栄養剤的ルーティンでした。

ヨガのすすめ

今思うとそれに加えてヨガをすればもっと違ったかなあと感じます。まあ僕はそのときにヨガに今と違う形で出会ってしまっていたら、もしかしたら今の仕事をしていないかもしれないので、それはそれでよかったと思っていますが（笑）。

ですが、ヨガを学び実践して知識をつけた今僕が思うことは、もしあなたがまだヨガをしてみたことがないのであれば、是非ヨガをリフレッシュのルーティンに取り入れてみて欲しいということです。

ヨガは心の状態を整える

理由は多々ありますが、その大きな理由の1つは、ヨガがまさにマインドフルネスの実践であるということです。ヨガは深い呼吸をして、1つのことに集中して過ごすということを常に実践します。そう、常にマインドフルネスに過ごす練習をするのです。僕の頭の中の忙しさが緩和されたのは、これを実践したおかげだと思っています。

休日に銭湯に行くことも、読書することも、映画を観ることも、テレビを観ることも、ヒトカラにいくことも、リフレッシュすることが目的です。それなのに、読書しながら明日の仕事のことを考えてしまっていたんじゃ仕方ないわけですが、それができなくて苦しんでいる人が多いことでしょう。そんな人は、ヨガを習慣にしてみてください。まず手始めに僕が第2章で紹介した呼吸法を毎日必ず実践してルーティンに組み込んでみてください。

呼吸のコントロールで心をコントロール

「ヨガ」と聞くと体をストレッチして柔軟性を養ったり、体幹を鍛えたりということを思い浮かべると思いますが、僕が言っているのはその部分ではなく、呼吸によって心を落ち着かせて気持ちをコントロールする部分のことです。

鼻呼吸することで呼吸のペースを一定にし、5秒間かけて吸って5秒間かけて吐くのを繰り返すのです。感情をコントロールすることは難しいですが、呼吸のペースは誰でもコントロールできます。心と体は密接につながっていて、心は体の動きに引っ張られるので、ゆっくりと呼吸することで気持ちも落ち着いてくるのです。

そして目を閉じて脳に入る刺激を少なくします。これを休日のルーティンに組み込んでみることを僕は強く推奨します。

呼吸法を習慣化しましょう

紹介した呼吸法の実践に慣れてきたら休日だけでなく、毎朝起きてすぐに1分間実践するなどしてみましょう。最初から10分間など高いハードルを設けてしまうとすぐに挫折してしまう恐れがありますので、まずは毎日1分間行ってみましょう。朝起きてすぐ実践するのがおすすめです。

何か曲を聴きながらしたほうが集中しやすければ、それでも構いません。

ユーチューブで「ヒーリングミュージック」などと検索すれば、呼吸法の実践にフィットする曲がたくさん表示されますよ。

たくさんの楽器の音が入っている曲よりは、自然の音などを主とした静かな曲がいいです。いつでも実践できるようにスマホにダウンロードしておくのもいいですね。そうすれば、電車の中で座っているときでも曲を聴いて目を閉じるだけですぐ実践できます。

ちなみに僕は今でも1日に少なくても1分間必ずこの呼吸を実践しています。あなたもぜひ取り組んでみてください。口を酸っぱくして言いますが、まず行動です。

才能という宝石の原石を発掘しよう

あなたの中には才能という宝石の原石がたくさん眠っています。

様々なことに挑戦することは、その原石がたくさん眠る山で発掘作業をするようなものです。

地図をぼんやり眺めているだけでは原石は見つかりません。Googleで調べるだけではその美しさや価値はわからないのです。

また、一度発掘しに行ったくらいでは原石が見つからないかもしれません。そのときはまた他の場所を探しましょう。簡単に見つかってしまうと面白くないじゃないですか。宝探しだって、探す過程も面白いのです。

もしかするとここに宝の山が眠っているかもしれない。そう思って毎日過ごすと、本当に楽しくなってきますよ。

5章

ADHDの強みを遺憾なく発揮する方法

1　できること・好きなことに注力する

好きなことをしてますか？

長所伸展とよく言いますが、つくづく大切なことだなと思います。得意なものを伸ばすため、それに注力し、過集中を発揮して徹底的にやるのです。

注力するためには、とにかくいろんなことにチャレンジしてやりたいことを見つけ、ストレスフリーな環境を整え、カミングアウトして理解ある仲間を増やすことが大切です。これと思うものが見つかったら徹底的にやりましょう。

70%好きならいい

完全に自分の好みに合う、どストライクの仕事が見つかる確率なんて1%もないかもしれません。大切なのは、70%くらいは自分の希望の仕事かなと思ったら迷わずにやってみることです。多くの人が勿体ないことをしているなと僕が感じるのは、やりたいことと完全に合致していないからと言って、「なんか違う。もっといいことがあるはず」と何も行動を起こさないことです。

そういうことではないのです。僕も自分が今好きな仕事をしていて実感していますが、70%くらいは好きだと思えたらとにかく全力でやってみて、その仕事をやっていく中で微調整してどんどん自分の理想へと近づけていくのです。それに全力でやるからこそ、面白みを見出せます。何事も中途半端な熱量でやっても楽しくなるはずがないのです。ヨガのインストラクターをすることが決まったとき、僕はヨガに関することは何も知りませんでした。

好きかな？　と感じたら実行

ヨガを仕事にするとき、僕は次のようなことを思いました。

「男性より女性のほうがやってそうで、身体が柔軟になりそう。スタジオでレッスンをするというところは僕がしていたストリートダンスに似ているし、ダンサー人口も女性のほうが多いから女性が多くても問題はなさそう。身体の動かし方を教えるという点ではダンスと同じだ。ダンスが好きだった僕は、おそらくこの仕事を楽しくできるんじゃないかな」

この程度の認識です。70％くらいは、楽しみながら成長できそうという期待で、残りの30％くらいはこれから先やっていけるのかという不安がありました。

徹底的にやる

そしていざ自分がやることを決めたら、徹底的にやるのです。

僕はインストラクターとして内定が出たとき、とてもヨガの先生とは言えないくらい身体が硬かったため、社内のトレーナーさんに4か月間みっちりと指導されながら身体を変えなければなりませんでした。もし半年でインストラクターとして生徒様の前で見本を見せられるくらいに成長しなければ、本採用にはならないという規定もあったので、僕はせっかく掴んだチャンスを逃すまいと必死でした。

自分の身体を変えるため、解剖学の書籍を読んで勉強し、自分の身体のどこに力を入れてどこの力を抜き、どんな方法でヨガに取り組めば身体が一番変化するのかということを研究しました。4か月後僕は無事インストラクターとしてデビューし、開脚前屈でおでこが床に着くくらいにまで柔らかくなっていました。元々の身体が硬かった分、身体が硬い生徒様がどうすれば柔軟になれるのかが細かくわかります。これらの知識と経験は僕の武器となっており、自分で言うのもなんですが、柔軟性向上を目的とした僕のレッスンは人気があります。

2　圧倒的な経験量を積む

猛スピードで成長する

成長するときにはスピードが重要です。僕の例をお話しします。

僕が務めていたヨガスタジオでは、インストラクターとしてデビューしてから社内のレッスンプログラムを1つひとつ勉強して試験を受けて、提供できるレッスンの数を増やしていくことが求められます。一般的なインストラクターは、大体2～3か月で1本のレッスンプログラムを取得し、年間で約4～6本のレッスンを担当できるようになります。

僕は「早くたくさんのレッスンをできるようになったほうが、何倍も人より早く成長できる」と考えていたので、インストラクター1年目が終わって仕事の要領が掴めてから、1か月に1本のペースでレッスンプログラムを取得して、約1年後には12本のレッスンを提供できるようになっていました。

また誰よりも経験を積むため、担当するレッスン本数も意識して増やしていました。楽しいと思える仕事だったので、量を増やしても苦にならなかったのです。一般的なインストラクターは、1日にレッスンは1～2本ですが、僕は1日に3～4本担当し、年間で850本近くのレッスンを担当しました。そのとき社内の人に詳しく聞いたわけではないのでわかりませんが、レッスン実施本数は他のインストラクターと比べてダントツの1位だったと思います。一般的なインストラクターは年間でレッスン本数が400本くらいなので、2倍以上レッスンしたことになります。つまり2倍の成長する機会に恵まれた訳です。

10年の熟考より1回の実践

クオリティを上げるという段階で気をつけたいのが、「数をこなして」クオリティを上げるということです。つまり、クオリティにこだわるがあまり準備ばかりしていつまでも行動を起こさないという状態に陥らないことです。

あなたがもし何かのイベントの実行委員長だった場合、10年間かけて1つのイベントのために準備してやっとイベントを開催するより、半年に一度のペースで10年間で計20回のイベントを開催したほうがイベントのクオリティが高くなるのは明白です。受験勉強で問題を解かずに教科書ばかり読んでいても試験に合格するのは難しいでしょう。過去問をたくさん説いた人が強いのです。好きなら徹底的に数をこなしましょう。

そしてただ数をこなすだけでなく、そこでの経験や失敗から学び、どんどんブラッシュアップしてクオリティを高めていくのです。それがあなたの血となり肉となり、あなたの人生を豊かにしてくれます。

試行錯誤してクオリティを上げていく

多くのレッスンをしながら、僕はレッスンクオリティを上げるための行動をしていました。実践したことといえば、専門知識の勉強、レッスンで専門的すぎる用語を使わない、笑顔の徹底、楽しい空気をつくる、生徒様の名前を覚える、…ｅｔｃ．例を挙げるときりがありませんが、レッスンに関わることなら何から何までありとあらゆることを意識して集中的に取り組みました。どれも実践しようと思えばすぐにできることです。

その結果、２０１８年度の社内のコンベンションでは、業務委託のインストラクターの西日本部門で準グランプリに選んでいただけました。

3　人に合わせなくていい

無理に合わせようとしない

学生時代を振り返って考えてみましょう。中学生の成績で数学が2で国語が10だったとします。それなら国語を思いっきり頑張ればいいのです。数学なんて社会に出たら最低限の四則演算ができれば十分です。スマホがあれば電卓機能で計算できます。他の成績が3でも美術が10なら美術を思いっきり頑張ればいいのです。画家になったところで成功できないなんて声も聞こえてきそうですが、その能力を生かす道なんていくらでもあります。

デザイナーやフリーランスで絵を描いてデザインする人、YouTuber、tiktokやshowroomなどのウェブサービスを利用して活動したり能力をお金に変える方法はいくらでもあります。頭を柔らかくして考えましょう。僕たちは能力の凸凹が人より激しいので、いわゆるこれまでの常識である平均的な生き方や働き方は向いていません。そこに無理に合わせようとするからしんどいのです。

能力の凹凸は恥ずかしくない

皆と同じようにできないから恥ずかしいなんてくだらない感情は捨てましょう。皆と同じ方が不自然です。違って当たり前なのです。誰も1人では生きていけません。1人で何もかも完結できる人の周りには誰も近寄ってきません。みんな違うから互いのよさがわかるし、違うから感動するし、違うから助け合って生きていけるのです。

何もかも成績が7だったりすると面白みがないじゃないですか。全部10でもつまらないです。10なのはどれか1つでいいのです。もちろん、頭がよいのが悪いと言っているのではなくて、あなたが美術が嫌いでその成績が3だったとしても、それを無理に7にすることはないということです。美術が3の自分を誇りましょう。それじゃあいい高校やいい大学に行けないじゃないかと言う人がいますが、その大学に行って一体何をするのでしょうか？　ぼやっとした理由でいわゆるいい学校に入ったところで、人生を長い目で見たときに得られるメリットはたかが知れています。

それに比べて能力の凹凸はあなたの個性を強め、専門性を高めて人生を豊かにするきっかけになります。

学校での成績はあなたの人生に何ら関係ない

中学校の義務教育が終わってからとりあえず私立のいい高校に、そして大学は有名大学に入って、名だたる大企業に就職するのが幸せになる道だと本気で思っている人が多くて驚きますが、新卒採用での就職がうまくいったとして、その企業が1年後も存在しているかどうかなんて誰にもわかりません。

何十年も続く企業のほうがかなり珍しく、今年就職した人たちの大半が65歳になるまでに自分の勤める会社が倒産したり吸収合併されたり、その他いろんな理由で転職したりするのです。

それに大概の人は大学に入ってもサークルで遊びに明け暮れ、勉強なんてほとんどしないのです（笑）。まじめに勉強されていた方たちにはこの場で謝罪します。ごめんなさい。その大学に行きたい明確な意思があって、そのために他の教科も勉強する必要があるのなら勉強するのもよいと思いますが。無理して行く必要なんて何もないのです。学歴が重要視されたのはもう何十年も前の話です。社会に出たら高卒だろうが東大卒だろうが関係ありません。高卒でも社長になる人が何人もいます。

みんなと違う自分を誇ろう

学生時代のことを例に出してお話しましたが、社会に出てからも基本的な考え方は同じです。皆同じことが同じようにできたって仕方がないでしょう。皆同じだなんて、あなたの代わりはいくらでもいると言われているようなものです。

「商品企画なら岩渕君に任せよう。彼事務処理はまるでダメだけど（笑）」

僕ならこんな風に言われたら嬉しいですね。何か1つを突き詰めているのってかっこよくないですか？　僕はそう思います。事務処理は事務処理が得意な人に任せればいいのです。

あなたは生まれながらにして希少人材です。だからあなたは自分のできないことや苦手なことを無理に平均点まで上げなければと躍起になる必要な何もないのです。あなたはあなたの好きなことに集中し、得意なことで周りの人に貢献しましょう。そんな風に考えるあなたのほうがかっこいいし、きっとそのほうが楽でしょう。

4　できることを磨いて、教える立場になる

僕たちは教えることが得意？

とにかく自分にできることをやって、早くそれを教える立場になれるように尽力することです。「教えること」は、ＡＤＨＤの人は得意分野である場合が多いようです。僕の周りのＡＤＨＤの友人や知り合いでも、ＡＤＨＤでありながら何かを教える立場になっていて活躍している人が多くいらっしゃいます。塾講師、ピアノの先生など。そして僕はヨガのインストラクターをしていますが、教える仕事は確かに自分にフィットしているなと思います。

僕たちには、集中し出すと1つのことに極端にのめり込む気質もありますが、それがプラスにはたらきます。何かを学んでいく上で、のめり込んで知識を大量にインプットできるのは僕たちの強みです。また、僕たちは何かに集中するということと同時にいろんなことに興味が移っていくという気質も持ち合わせています。この気質は、何かの分野に精通していく上で最大の武器となります。今本書を読んでいるあなたの子供がＡＤＨＤだとしたら、そんな性質を持っているとわかる瞬間があるのではないですか？

電気屋さんの店員より掃除機に詳しい子供

例えば、なぜか掃除機にやたら詳しいとか。「掃除機のことを教えて」と聞くと、ヨドバシカメラの店員さんより詳しいのではないかというくらいの知識を披露してくれたり（笑）。

それも自分の好きなメーカーの商品知識たるや、もう凄いのです。それにそのメーカーの掃除機が他社製品と比較してどういう部分が優れているかということまで教えてくれます。

その企業の最終面接だとしたら、間違いなく人事部長も唸るでしょう。実際に僕がＡＤＨＤの子供を預かる放課後デイサービスで働いていたときにもこういうタイプの子と関わる機会もたくさんありましたが、こういう気質は確実にその子の武器になるのです。そして人並み以上に知識がつくのですから、それを誰かに教えることを仕事にできると、自分も楽です。

教えるということは、何から順に教えるか、どういう風に工夫して教えるかは教える側の裁量にゆだねられます。

教える立場であることのメリット

ここでＡＤＨＤの人が教える立場になると具体的にどういう風にいいのかを考えてみましょう。

先ほど例に挙げた掃除機好きの子をひろしくんとします。

ひろしくんは掃除機のメーカーに入社後、新人を教育する立場になり、掃除機Ａの商品知識を新入社員に教える研修を行います。このときひろしくんが掃除機Ａに付随した部品に関する細かい知識などを教えても、教えられている相手は「なんだ、また話が脱線した」とは思いません。

掃除機が発明された経緯や、静音設計の仕組み、バッテリーの寿命やその仕組みなど、話がどんどん掃除機Aから展開しても、教えられている側も掃除機Aを販売する上で役立つ知識が増えるのです。

その上教えることというのは僕たちのウィークポイントである細かな作業が求められません。事務作業によるケアレスミスの心配もありません。教える内容に仮に抜け漏れがあっても、後からまた付け加えて教えればいいのです。

好きなこと（得意なこと）は必ずある

僕はこれまで、「ＡＤＨＤだけど大して得意なことも特にないし、好きなこともないよ。どうすればいいの？」という相談を受けたことがあります。この質問に対する回答を結論から言うと、あなたには必ず人より得意になれるものが存在していて、まだ好きだと思えるものに出会っていないだけなのです。

前の章でハイボールをまだ飲んだことがない小学生の話をしましたが、自分が経験したことのないものが、好きかどうかなんてわかりません。行動を起こし、新しいものに出会うのです。それがあなたにフィットするかどうかはわかりません。もしフィットしなければ、また別のことをやってみればいい、ただそれだけなのです。

好きなことで他者貢献することは最大の幸せ

そして、できることを教えるということは「自分の可能性を人のために使う」ということでもあります。FEYの水の要素です。

この水の要素があるからこそ、僕たちはより情熱を持ってそこから知恵や知識を得て（火）、そして自由に羽ばたく鳥のように心を軽くしてまた挑戦し（風）、そしてまた自分がそこにあることが幸せだということに気づくのです（空）。

自分がある程度ストレスフリーな環境でのびのびと仕事できるように、生活できるようになってきたら、できることを磨いて教える立場になりましょう。そして利他の心で周りの人に恩返しすることを考えましょう。それはあなたの幸せです。

5　幸せは権利ではなく義務

何のために生きるのか？

よく人は使命を持って生まれてくるだとか言われることがありますが、あなたの使命は何でしょうか？　自分にはどんな使命があるか考えたことはありますか？

これから話すことはあくまで僕の信じていることであって1つの考え方なので、信じたい人は信じてください。ただ僕はこの考え方で幸せな日々を送り、自分のやりたいことをどんどん実現させています。

幸せに生きるという使命

僕たちが生まれながらに背負っている使命の1つ目は「幸せに生きる」ということです。幸せであることは権利ではなく、義務なのです。

あなたは早く幸せに気づかなければならないのです。幸せであることに気づいているか気づいていないかで人生が大きく変わるのです。

人は見たいように世界を見る

例えば、主婦のAさんとBさんについて考えてみます。AさんもBさんもそれぞれ結婚していて子供が2人いる4人家族という一般的な家庭で、世帯収入も同じとします。Aさんは朝目覚めると、心身が健康であることに感謝し、家族に朝ごはんを振舞います。旦那さんと子供がご飯を食べるのを嬉しく思い、「私はあなたたちが美味しそうにご飯を食べるのを毎日見られて幸せよ。ありがとう」と言います。そして仕事に向かう旦那さんと学校へ行く子供を見送り、家族で過ごす休日について考えてワクワクしています。

一方Bさんは朝目覚めると、もう起きる時間なのかと嘆き、朝ごはんをつくるのが面倒だと思います。旦那さんと子供2人にご飯を仕方なく準備します。テレビを観ながらニュースや芸能人のスキャンダルについて愚痴を言い、旦那さんの収入が少ないと文句を言い、子供が言うことを聞いてくれないとイライラしています。旦那さんと子供を見送ったあと、ママ友とランチして愚痴大会を始めます。

10年後、AさんとBさんとでより幸せに暮らしてそうなのはどちらでしょうか？　答えは明白ですね。Aさんです。AさんとBさんの違いは考え方です。Aさんはすべての物事に感謝することが習慣になっています。

見方を変えれば世界が変わる

あなたもAさんと同じことをすればいいのです。あなたは幸せであることに毎日感謝しながら、出会う人や出来事に感謝して自分の力にして、どんどん夢や目標に向かい進んでいくのです。幸せであることに気づき、あらゆることに感謝している人の周りには同じような幸せな人が近寄ってきます。類は友を呼ぶという単純なものではなくて、同じ考えの人たちが集まるのは絶対的な法則なのです。そうして生きているとあなたが困ったとき、何故かたまたまあなたをサポートしてくれる人が目の前に現れたり、困難を乗り越えていける方法が見つかったり、はたまた嫌な人が自然に離れていったりするのです。そのことにまた感謝して、周りに恩返しをしながら生きていくのです。

あなたは今日、何かに感謝しましたか？　幸せを感じる瞬間はありましたか？　見方を変え、目に映る世界を変えましょう。

幸せに気づけたらあなたは一生幸せ

この思考で生きている人を何人か知っていて、皆幸せそうなのですが、彼らは決まって次のように語ります。

「頭がポジティブな思考になっているとき、ポジティブなことが目に入りやすく、逆にネガティヴなときはネガティヴな情報ばかりが目に入ります。そういう理由ももちろんあるのですが、もっと他の大きな力が働いているような気がするんです。うまく言えませんが、幸せだって言っていると本当に幸せなことばかり起こるんです」と。

僕もこの考えを実践するようになってから、宇宙が自分のために動いてくれているのではないかと思うくらい、よいことばかり起こるようになりました。すべては「あ、僕はもう幸せなんだ」と気づいた瞬間から始まりました。

6　あなたの使命（ダルマ）は

一生続けられやり甲斐のある他者貢献

これがあなたのライフワークです。そしてこれは人の役に立ったり誰かを助けたり社会貢献となるようなものなのです。

この使命に気づくための前提条件として、自分がまず幸せだと気づいていることが必要です。自分が満たされていないと、他者に何かを与えることはできないのです。

海で溺れかけの人が溺れている他の人を助けることはできません。自分の身の安全が確保され、初めて他者を助けられるのです。

自分を犠牲にして他者に貢献する人の姿は胸を打ちますが、それは長続きしません。よくあるのは貯金を切り崩しながらボランティア活動に精を尽くし、何か月か経って自分の生活が回らなくなって泣く泣くボランティアから撤退することです。身を切り崩してまで他者に貢献しようというのは素晴らしい献身の心だとは思いますが、支援する側がやせ細っていってしまうのでは続けられないのです。

ライフワークにはいつ出会えるの？

世の中のすべてのものは、自分も豊かになって相手も豊かになるような仕組みでないとうまくいかないようにできています。まずはあなたが安心して生活してストレスフリーに働ける環境を手に入れること。そしてその環境が手に入ったら、目の前のことに精を尽くしましょう。

働ける環境があることに感謝し、周りの人に感謝し、健康な身体があることに感謝します。感謝を習慣にして働くことであなたは周りの人に恩を返し、そしていずれあなたが周りの人たちから感謝される存在になります。そうやって活動していく中で、少しずつ自分が本当にしたいことに気付き、ライフワークに出会えるのです。

ダルマはあなたのブレない軸

「自分はこれを一生やっていくんだ！」このような強い気持ちは使命感と言われます。「使命感」そう、使命（ダルマ）を感じているのです。これはＦＥＹでは地の要素にあたります。

第2章で説明しましたが、地の要素は僕たちの安定感、安心、決意、使命、忠誠心などを表しています。

自分のダルマをわかっていると、思考や行動に一貫性が生まれ、誰に何を言われてもブレない自分の軸ができます。あなたは何かを判断したり決断を下すときに、このブレない軸を基準に物事を考えるのです。そしてブレない軸（地の要素）があるからこそ多くの行動を起こしチャレンジ（風の要素）していくことができます。

第3章では「与える人であること」についてお話ししましたが、「自分は一生与える人として生きる」ということに使命感を強く感じる人は、それがあなたのダルマの1つです。ダルマはあなたの思考や行動の基準となり、あなたの人生を豊かにするものです。

あなたにしか生み出せない価値がある

まだ自分のダルマがわからないという人は、常に自分のダルマはなんだろうということを頭の片隅に置きながら毎日を過ごしましょう。

友達と話しているとき、新たな仕事に出会ったとき、はたまた遊んでいるときにあなたのダルマに気づくかもしれません。

　そのダルマを感じているあなたにしか生み出せない価値が必ずあります。そしてその価値は、人との関わり、仕事、生活、遊び、あらゆる面であなたの活動をサポートすることでしょう。

　ちなみに僕のダルマは、

「行動によって人に勇気を与える存在であること」です。

　人が「これは無理かも」と思ってしまうことにも挑戦し、人生を楽しんでいます。これからもどんどん新しいことに出会い、「これも好きかも！」とワクワクして生きていこうと決めています。

　僕は脳の発達に偏りがある人たちでも、夢を実現して幸せに生きられることを、僕という存在によって伝えたいのです。

才能の原石を磨こう

あなたの中の才能の原石を見つけたら、それをとことん磨きましょう。好きなことに取り組み、時間も忘れて没頭し、試行錯誤を続けて質を高めていくことは、見つけた原石を磨いて磨いて光り輝かせるということです。誰もが色も形も種類も異なる原石を磨き、磨けばそれぞれが違う輝きを放ちます。誰もが違う仕事、違う趣味、違う感覚で生きていることが素晴らしいのです。違うからこそ人は心を動かされ、その輝きに感動します。

そして一度原石の磨き方や輝かせ方がわかったら、あなたはそれを人に教えてあげるのです。人に教えながら、また別の原石を探しましょう。

一生自分の原石を探して磨いて、宝石をたくさん集める。それはとても楽しいのです。

6章

発達障害／ADHD知恵リスト

1　日常生活の知恵

スマホのリマインド機能を使う

何か覚えておくべき予定があるとき、僕は必ずスマホを活用します。僕が利用しているアプリはGoogleカレンダーです。例えば朝10時から誰かと駅で会う予定がある場合、Googleカレンダーに予定を入れて、8時にリマインドするようにしておきます。するともし当日完全に予定を忘れてしまっていたとしても予定の2時間前に気づけるので、アポをすっぽかしたりすることがほとんどなくなります。

また「いざというときにリマインダーが教えてくれるから大丈夫」という安心感が生まれ、焦りが緩和されることで注意欠陥などがマシな状態になります。僕は友人と会う予定、提出期限のある資料、家賃などの振込、仕事の予定など、ありとあらゆることをスマホでリマインドするようにしています。スマホの便利な機能は積極的に使いましょう。

部屋片づけも楽しむ

部屋が綺麗だと頭の中がスッキリするとよく言いますが、これは本当の話です。部屋が綺麗だと、心からリラックスすることができます。だいたい自分の部屋の綺麗さと頭の中の状態は比例しています。

頭の中が忙しくぐるぐる動きまくっているときは、部屋の中も散らかり放題ということが多いです。部屋が散らかっていると、色んなものが目について意識が次々と移ろって集中しづらく、自分の部屋にいるのにリラックスできない状態になります。

当然、リラックスできないと注意欠陥、多動性、衝動性を発揮しやすくなるので、家の中でも頭の中が落ち着かずにどんどん部屋が散らかって、忘れ物や多動が余計に多くなるという悪循環に陥りがちです。

誰かに片づけを手伝ってもらう

一度部屋を大掃除して綺麗にしましょう。もちろん家族に手伝ってもらえばいいです。一人暮らしの場合は、信頼できる友達であればお願いするのもいいですね。何もかも1人でやろうとするのは禁物です。

見た目だけを綺麗にするのではなく、引き出しの中やクローゼットの中など細かいところまでできるだけ綺麗にします。そして部屋が綺麗になったら、それ以降は使ったものは必ずすぐに元あった場所に戻すということを実行します。

郵便物や不要なチラシが届いたら机の上に放置せず、すぐに捨てるor必要なものなら決まったファイルにファイリングするなどを徹底しましょう。

片づけと快感をリンクさせる

部屋が綺麗な状態で毎日を過ごせると、気持ちも晴れやかになります。この「部屋が綺麗」という状態が、自分の頭の中で「快感」と結びつけられると、部屋を綺麗な状態に保つことが容易になってきます。快感を結びつけるためには、部屋が綺麗であることのメリットを考えることです。

部屋が綺麗であるメリットは、次の通りです。

・リラックスできる
・注意欠陥多動性衝動性が抑えられ自分が楽
・何がどこにあるかすぐにわかる
・友達を部屋に呼べる

自分の部屋が綺麗だと、心が楽になります。実践しましょう。

荷物はカバン1つにまとめる

あなたが出かけるとき、スマホや財布、仕事の大切な資料を家に忘れたりすることを防ぐため、鞄は1つにまとめることをおすすめします。僕は仕事用の鞄を1つだけ用意し、仕事に必要な荷物はすべて仕事用の鞄にひとまとめにしています。

家に帰っても鞄から荷物を出して机に置いたりすることはなく、すべて鞄の中に入れています。必要があって鞄から出したものも、使い終わったらすぐに鞄の中に仕舞うようにします。外した腕時計や家の鍵も鞄の中に入れるようにしておけば、何かがなくなってアタフタすることを防げます。

イレギュラーな持ち物が発生する可能性がある場合

たまに会社に持っていく必要がある資料などは、家に保管せず会社の自分のデスクに定位置をつくってそこに置いておきます。僕はイレギュラーな持ち物が出てくるとほぼ確実と言ってよいほど家に忘れてしまうので、勤務先に置けるものはすべて勤務先に置いていました。

ちなみに遊び用の鞄もつくり、そこにも仕事用の鞄とは別に財布やチャージ式のカード（ＩＣＯＣＡなど）を入れておくと、財布を鞄から鞄へ移し替える必要もないので、更に忘れ物を防ぐことができます。

出かける準備は前日の夜にする

出かける時間になってアタフタして忘れ物することを防ぐために、前日の夜に落ち着いて準備しましょう。自分は人より忘れっぽいおっちょこちょい過ぎる人間なんだと理解して、事前に対策を打つことで日々を快適に過ごすのです。予定がある日の前日に、持ち物、予定の時間、前後のスケジュールを再度確認するようにします。

僕は何か予定がある前日の夜、鞄の中身を確認し、そしてGoogleカレンダーをもう一度確認します。予定時間に変更はなかったか、その予定の前後に何か用事はなかったかを確認するようにしておくのです。毎日同じ職場に向かって同じ仕事をしている人でも、必ず確認するようにしましょう。

すると、急な会議やプレゼン資料、飲み会の幹事など、忘れていたことを思い出せます。僕は何度もこの確認に危機を救われました。直前にも話しましたが、僕のオススメはgoogleカレンダーにすべての予定を入れておくこと、そして毎晩Googleカレンダーをチェックして次の日のスケジュールを確認することです。Googleカレンダーをチェックするという予定自体をgoogleカレンダーでリマインドするのも有効です。

洗濯や食事の片づけはすぐ終わらせる

面倒なことを先延ばしにするクセがある人が多いと思いますが、面倒なことを先延ばしにして後から切羽詰まってやらなければいけなくなるときが最も面倒だということを思い出しましょう。今できることを今すぐやるのが、僕たちが上手く生きていくコツです。

明日やろうは馬鹿野郎だなんて昔から言いますが、僕たちは明日やろうなんて言ってたんじゃ何もかも忘れてしまいます。僕は明日やろうと言って覚えていたことがほぼありません（笑）。

掃除も、明日やろうを毎日続けて部屋の中も散らかり放題でした。

「あ、食器を洗わないと」と思ったら、即行動するのです。未来の自分に楽をさせてあげるために今やるのです。そうすれば洗い物を気にせず心穏やかに過ごせる時間を長くすることができます。

また、何かやりたいことが浮かんだら即やってみるのです。新しい趣味でも仕事のアイデアでも、思いついたら即行動です。即行動ということは覚えている必要がなくなるわけですね。そのほうが僕は楽なので、そうしてます。皆さんも是非即行動を習慣にしてみてください。

なんとなく買い物する（出かける）ことをやめる

なんとなく出かけてませんか？　仕事が急に休みになったり、予定が変更になって急に丸一日時間ができたらあなたは何をしますか？　とりあえず出かけると考えたあなたは危険かもしれません。衝動買いやクレジットカードの使用によって日常生活が苦しくなっていないでしょうか？

ＡＤＨＤの人たちで多いのは、買い物やギャンブルに行きたい衝動を抑えられず、クレジットカードを使いまくって多重債務に苦しんでいる、そんな状況に陥ってしまうことだそうです。僕も一時期インターネットでセレクトショップ経営に挑戦しているとき、街を歩いていて儲かりそうな製品が見つかると、儲けたい衝動を抑えられず、詳しい市場リサーチもせずに商品を購入し、結局その商品が希望の値段で売れずに値下げして赤字を出すなんてことを繰り返したりもしました。

僕は二度とこのような事態に陥らないよう、「何となく出かけないこと」を実践しています。３０００円の物を買う予定があるなら財布に３０００円だけ入れて買い物に行き、買い物が終わったら即帰宅します。こうすることで無駄な出費を防ぐことができます。今浪費が多くて困っている人は、実践してみましょう。

2 職場の知恵

その日にすべきことを朝一でリストアップする

朝出社したらまず第一に、その日にすべき仕事をリストアップして、スマホのメモ機能に入れておきましょう。紙のメモがよければもちろんそれでも構いませんが、僕は紙のメモだとペンをなくしたり紙がぐちゃっとなったりして煩わしいので、スマホのメモを使用しています。

このとき多少は時間がかかるかもしれませんが、リストを優先順位に基づいて上から並べて書くくことをおすすめします。終業時間になってからこれをしようとするとプチパニックに陥って次から次へと降ってくる仕事に対応しきれなくなる可能性があるので、必ず就業時間前にリスト化します。

ToDoを1つひとつ消していく

メモはやるべき仕事を終えるたびに逐一確認し、チェックマークで完了の印を付けて、完了したことをしっかり確認しましょう。そして、仕事中に出てきた新たなやるべきことは、随時メモに追加していきます。

このとき、必ずいつまでにやればいいかを確認します。「すぐにやって欲しい」「なるべく早くお願い」などと頼まれた場合はリストの一番上に追加します。

今日でなくてもいいと言われた場合は、一旦メモの一番下の段に追加し、可能であればその日中に終わらせるようにします。

なるべくその日のうちに終わらせる

その日の終業時間になってまだ終わっていないリストがあれば、翌日のメモの一番上に追加しておきます。しかし僕なら、多少残業してでも終業時間を15〜30分オーバーするくらいでその日のリストを終わらせそうであれば、その日中にやってしまいます。

翌日に仕事を持ち越すとどうしても記憶が薄れ、どんな仕事だったかを思い出すのにまた時間がかかってしまい、ミスやチェックの抜け漏れが多くなるからです。

できるだけその日中に終わらせましょう。翌日に持ち越す場合は翌日のメモに、期日などの忘れてはいけない重要事項を必ず併せて記載しておきます。

仕事を安易に引き受けない

「あの仕事をやっておいて」と言われてよく考えずに何となく「はい」と言ってしまって、その仕事が全くできておらずに怒られるということを、僕はこれまで何度も経験してきました。仕事を安易に引き受けないこと、つまり頼みをＮＯと断れることが大切です。

もし何か仕事を頼まれたときに、本当にあなたが手持ち無沙汰なときはいいと思いますが、他にしている仕事が既にある場合、注意しないとケアレスミスや忘れ物が出てきます。

「今他の作業をしておりますので、これが終わって手が空いたらこちらからお声をかけてもよろしいでしょうか？」

「初めてする作業で慣れておらずミスなどご迷惑をおかけしてしまう可能性が高いので、他の方にお願いしていただいてもよろしいでしょうか」

このようにハッキリと断れるようになりましょう。安易に仕事を受けてしまうことは、結果あなたの信用を落としてしまうことにつながりかねません。断るスキルがあなたを楽にし、心を平穏に保ってくれます。断れるようになりましょう。

４人以上の飲み会には参加しない

僕は大人数での飲み会というものが苦手です。それには明確な理由があります。人数が多いと、誰の話を聞いていいのかわからなくなってしまうからです。例えば、８人くらいで長い机を囲んで飲み会などしていると、人数が多いので自然に会話のグループが分かれます。そして右の４人は好きな芸人について話していて、左の４人は社員旅行の想い出話をしているなんていう状況になることもあります。

このとき、僕は芸人について話しているグループの中にいたとしても、社員旅行について話している声が気になってしまい、どちらのグループの話も中途半端に聞いていていてどちらの話にもついていけないということが起こります。

僕のように自分が重要な話だけを聞き分けるという能力が低い場合は、飲み会の人数が増えるとストレスになってしまいます。僕は自分の特性に気づいてから、4人以上になる飲み会には極力参加しないでおこうと決めたのです。

どうしても参加しなければならないときは、できるだけ端っこの席に座ります。会話を聞き分ける必要が少ない席に着くようにしているのです。そうしていても、端にいたら端にいたで全然関係のない隣の机の人の会話が気になってしまって話が聞けないこともあるので、できれば飲み会自体に参加しないことですね。

3　金銭管理の知恵

カード類は家に置いておく

クレジットカードやキャッシュカードは家に保管しておき、なるべく持ち歩かないようにします。これはお金を使いたい衝動を感じても手元にお金がない状態にしておくことで、浪費を防ぐためです。僕は実際にこの方法でお金の浪費が減りました。付け加えて言うと、財布に入れる額も必要最低限にしておくことです。財布の中は、その日に使う予定の金額＋3000円くらいにしておきます。意外と財布の中が少額でも困らないものです。

また6.1で解説した、「目的を持って出かける」ことも大切です。何の目的もないまま外出することは、コンビニで無駄にものを買ったり、洋服を買いたくなったり浪費する原因を増やしてしまいます。必要なものがあるときには、カード類は家に置いて必要な金額だけ財布に入れて出かけるようにするといいですね。

支払方法を口座引落に統一する

スマホ代、国民年金、国民健康保険、ポケットwifi使用代など、毎月必ずかかる固定費が引き落とされる口座は1つに統一しておきましょう。口座が特に理由もなく2つも3つも別れていると支払日に口座にお金を入れておくのを忘れてしまったり、お金の管理を無駄に煩雑にしてしまいます。

支払いの口座を1つにすることで、毎月お給料が入ったらその日に必ずその口座に決まった金額を入れるだけで支払い忘れなどを防ぐことができます。

給料日にすべての支払いを済ませる

家賃、電気代などの光熱費、その他毎月支払う必要があるものは、給料が入金されたその日に支払うようにしましょう。すべて1日で済ませてしまうことで支払い忘れを防ぎます。

また、支払日ギリギリになってお金が足りないなんて最悪の事態も防ぐことができます。お金周りが安定すると、心にも余裕が生まれます。

貯金するお金は別の口座に分けておく

給料が銀行口座に入り、支払関係もすべて終わったら、貯金する金額を別の銀行口座に分けましょう。こうすることで、自分が次の給料日まであといくら使っても問題ないのかが明確になります。

余った金額を計算したらそれを30日で割ります。こうすることで1日の予算を出しておくのです。それを7倍して1週間の予算も出しておくといいですね。1週間通して予算オーバーしないように過ごし、余った金額は翌週の予算に上乗せしてもかまいません。

このように日々のお金の流れを見える化することが、金銭管理できるようになるための第一歩です。

何かに集中する時間をつくる

可能であればお金のかからない趣味のようなものがあれば、それが一番よいのではないでしょうか。あなたが時間を忘れて没頭できるものです。飽きやすいなら、何種類かそういった趣味があるとローテーションで回せるのでいいですね。

例えば僕であれば、ピアノを弾く、絵を描く、身体を鍛える、ヨガをする、本を読む、YouTubeを観る、とこんな感じです。何かに集中する時間をつくれば充実感が得られる上に浪費を防ぐことができます。

一石二鳥です。仕事が終わってから夜寝るまでの間、外にいる時間が最もお金を使いやすいタイミングなので、その時間を趣味などで埋めてしまいましょう。

ゲーム感覚で貯金を楽しむ

何の目的もなく貯金するのは意味がありませんが、まず無駄遣いをしないといった意味合いで貯金はものすごく大切です。お金は何かがあったときのためのクッションのようなものです。ある程度まとまったお金が手元にあると、何かあっても大丈夫だと安心して日々を過ごすことができます。

手元にお金がまったくないその日暮らしのような状態だと、会社での飲み会や友達との遊びにも気持ちよく参加することができません。

今手元にまったくお金のない人は、まず5万円を目標に貯金してみましょう。給料日になったら貯金分だけ必ず別口座に分けておくのです。5万円達成したら次は10万円、その次は20万円、その次は30万円と金額を増やしていくのです。こうした方法以外の貯金の方法として、次のようなものがあります。

５００円玉貯金

財布の中に５００円玉がやってくるたび、その５００円玉は封筒に入れて分けておき、月曜日になったら必ず銀行口座に入金しに行く方法です。

通帳の数字が増えていくことが成功体験となって、少しずつ自信もついてきます。月にいくらためることができるか、ゲーム感覚で楽しむことが大切です。

4　自己実現の知恵

実現したいことリスト100をつくる

やりたいことがないという人がいます。僕はそんな人に、そんなわけないでしょ？　とすぐ伝えたいのですが（笑）。

やりたいことがわからないとか、自分が何を好きなのかわからないとか、そう考えている人に共通していることがあります。それは夢や目標が本当はあるのに自分には実現できないと思って勝手に選択肢から外しているということです。

もっと頭を柔らかくして考えましょう。できるかできないかを心配するのではなく、思いついたことを実現するために必要なことをただ実行していくのです。

例えば今あなたが一生遊んで暮らせる程の大金持ちで、イケメンもしくは美女だったとして、時間も自由に使えるとしたら何がしたいですか？　世界旅行に行こうがビジネスに挑戦しようが遊んで暮らそうが趣味に没頭しようが自由です。

ここで思い浮かんだことをリスト化してみましょう。どんなに小さなことでも構いません。割とすぐできそうなものから時間のかかりそうなものまで、何でもいいので書き出してみましょう。

30分で100個書き出す

例えば、フランスに旅行に行く、年収1000万円以上稼ぐ、ヒトカラに行く、親友とランチする、欲しい鞄を買う、体脂肪率を10%代にする、など。30分間で100個書き出してみましょう！

50個くらいまでかけたらペンが止まるかもしれませんが、絞り出してできるだけ多く書くようにします。

今あなたがそれをできるかどうかは関係ありません。

今すぐできるかどうかではなく、やりたいと思うかどうかです。書き出せたら次はそれらの目標を何年の何月までに達成するのか、それぞれ書きましょう。「やりたい」を「やる」に変えましょう。

すぐに実現できることも多い

僕は社会人になったその年からエクセルで夢リスト100個をつくり、達成したものは消し、また新しくやりたいことが出てきたら付け加えることを繰り返していますが、もう既に小さなものも含めるともう既に100個を優に超える目標を達成しています。

リストにして見える化して週に一度確認することで、常に目標が頭の中にインプットされ、それに必要な行動をとるようになります。さあ、今から30分計って100個リストアップしてみましょう！

まずやってみるを習慣化すると誰よりも成長できる

自己実現していくために、やりたいことはとにかく片っ端からやってみることが何よりも大切です。やりたいことがあるのに、やらない理由をいつまでも探している人がいます。お金がないからできない、協力者がいないからできない、時間がないからできない、準備がまだできていないからできない。自分にとって完璧な環境が整うことなどありません。どんな状況であったとしても、物理的に可能なのであれば「四の五の言わずにまずやってみよう！」という意気込みと熱意が大切です。

そしてADHDのあなたに限って言えば、それにプラスして必要最低限の準備をすることです。うまくいかない最悪の場合を想定して、最長1週間の準備期間をつくり、期限を前倒しできるなら前倒しして素早く行動に移します。

1日1つ何かに挑戦するとすれば、あなたは1年間で365回挑戦できることになります。人より成功している人はその何倍も失敗している人です。失敗と言っていますが、失敗から学ぶことのほうが多いので、人よりたくさん失敗して学ぶことが成功していく秘訣ではないでしょうか。僕はそう思っております。

挑戦しない人はモテない

本当の意味での失敗は何も挑戦しないことです。恋愛で考えるとわかりやすいですが、好きな人がいるのに、嫌われたらどうしようだとか、相手に恋人がいたらどうしようとか、そんなことばかり考えてデートにも誘えないでいても何も起こりません。あなたが好きな人は他の誰かと恋愛を楽しむことになります。

仮に相手に恋人がいたとしても、こちらが告白するなりデートに誘うなりすれば脈がないことがわかります。そうわかったなら切り替えて次に進めばいいのです。こういったトライアンドエラーを数多く繰り返している人のほうが人付き合いも上手になっていくのは当然のように思えます。

好きなら好きと伝える、ありがたいなあと思ったらありがとうと伝えるのです。思っているだけでは相手には伝わりません。「愛してるなんて言わなくてもわかるだろう」だなんて昔気質な態度を突き通すおじさんが女性たちの支持を得ないことが物語っていますね。愛情表現豊かな人は男女問わず好かれます。思ったことをすぐ行動に移す、言葉に出して想いを伝えられる人はうまくいくのです。

そして恋愛以外の夢や目標についても同じことが言えます。これをやりたいなと思ったら、それを願望のままにしておかないことです。すぐ行動に移すことで次に何をすべきかが見えてきます。そしてまた別の方法でトライすればいいのです。そうやって365日過ごしていると、今考えているよりもっともっと沢山の夢や目標を実現できます。

有言実行する

自己実現していく上で有言実行も1つの大切な要素ですが、それにもちゃんとした理由がありま す。その理由とは、「有言実行とは自分に対しての約束を守るということ」だからです。自分がこれからチャレンジしようとすることを口に出さない人たちがいます。なぜ口に出さないかというと、失敗したときが恥ずかしかったり実行しなかったときに言い訳ができないからです。もちろん口に出さずとも不言実行してどんどんチャレンジしていくことができる人もごく稀にいらっしゃいますが、極めてレアケースだと思いますのでここでは考えないことにします。

自分の体裁を守ろうなどと考えないほうがいい

体裁を守りたいという理由で挑戦できない人がたくさんいらっしゃいますが、考えてみてください。これらを理由に挑戦しないということが一番恥ずかしくはないでしょうか。あなたはあなたの幸せのために最善の選択をしていかなくてはいけません。周りの人があなたの失敗を笑ったりする可能性を考えても何にもなりません。

それに実際あなたの周りにいる人たちはそんなにあなたのチャレンジに興味がありません（笑）。それは自意識過剰です。あなたの体裁を気にしているのはあなただけです。

失敗したときの心配ばかりするのではなく、成功したとき、うまくいったときの幸せな気分を想像しながら挑戦しましょう。

みんな自分に興味がある

あなたの周りの人たちはあなたの一挙手一投足に興味がないのです。あなたもそうでしょう？　昨日の同僚の失敗を何時間も考えないでしょう？　自分の将来をこれからどうしようか、そういう自分についてのことを99％の時間で考えますよね？

ですから、あなたがこれから何かにチャレンジしようというときに、周りの人の目を気にしすぎる必要など全くありません。今あなたにあれやこれやと言ってくる人も、2日後には自分が何を言っていたか忘れています。

あなたが「私はこれから○○にチャレンジするの！」と言ったところで、聞いた人は2日後には「ああ、そう言えばそんな話してたっけ？」という程度の認識なのです。

夢や目標を発信する

言葉にすることであなた自身の心の中はポジティブな方向に大きく動き出します。口にしたことで、その言葉を守ろうとします。そして実行に移したときにその結果にかかわらず、実行したという事実があなたの中での自信となって、どんどんチャレンジできるようになっていくのです。

あなたがやりたいことを意識的に発信していきましょう。

「私はこの目標を達成するんだ」と毎日口に出して言いましょう。ＡＤＨＤの特性を活かして大活躍するんだと言いましょう。恋人や親しい友達、会社の同期など自分が心置きなく話せる人にはどんどん話しましょう。口に出すことであなたの脳が目標の実現に向けて考えます。そして目標達成に必要な事柄や出来事に意識が向くようになり、達成するために必要な情報が手に入るようになります。

例えば、「3か月で10万円貯める」という目標をつくって公言していたとすると、友達からいい節約術を聞けたり、SNSやネットニュースで効果的な貯金方法の情報を手に入れられたりするのです。

そしてそれらの新たな情報が手に入ることで、あなたは「また一歩目標に近づくことができた」と感じます。そうして日々過ごしていると、あなたの夢に共感する人たちの中で協力者や応援者が現れて、あなたの活動にも弾みがつきます。

応援される環境を自分でつくる

稀に逆境の中で大きな力を発揮して大成する人がいますが、大半の人たちは応援される環境のほうが力を発揮できます。人は環境の生き物です。よくも悪くも必ず環境に左右されます。逆境に長い時間たたされることで自尊心を低下させたり、ネガティブな思考のループに陥ってしまわないよう、夢を口に出して応援される環境を自らつくり出してポジティブな思考のループへと移っていくのです。

悩みなどの感情もそうですが、夢も自分の心の中だけに留めておかず、どんどん発信して周りの人たちを巻き込んでいきましょう。あなたはあなたの生きたい人生を送るのです。

5　人付き合いの知恵

見た目や服装をキレイにする

まずはあなたがＡＤＨＤかどうかに関わらず大切な見た目についてお話します。この世を気持ちよく生きていくために、見た目はとても大切です。人は中身と言いますが、それはよく話をする間柄での話です。

あなたが一生で関わる人たちの内９割があなたを見た目で判断すると言っても過言ではないでしょう。見た目に気を使っていることで多くの人と関わる機会に恵まれ、チャンスが訪れ、助けてくれる人が多く現れます。

あなたは3秒で相手を判断する

第一印象は僅か3秒で決まると言われています。そしてその第一印象の大部分を占めるのが、あなたの表情や服装などと言った見た目です。いい人なのか悪い人なのか、明るい人なのか暗い人なのか、面白い人なのかつまらない人なのか、しっかりした人なのか頼りない人なのか、そう言ったことを僅か３秒で判断しているのです。

しかもその第一印象を覆えすのはとても難しく、一度「この人とは付き合いたくないな」と思われたらそこから仲よくなるのには、大きな労力を伴います。逆に第一印象で相手に「この人と仲よくなりたい」「魅力的な人だ」と思わせることができると、あなたはいろんな場面でいろんなことに恵まれます。

見た目を整えることは愛情

僕は見た目や服装に気を使うことは相手への愛情だと考えています。友達と一緒に東京駅に出かけるとき、その友達が汚れたシャツ、サイズの合っていないズボン、そしてボロボロの靴を履いていて、髪の毛も寝癖でボサボサだったら一緒に歩くのが嫌になるでしょう？　逆にオシャレな服を着て髪型もしっかり整っていて、清潔感があると、隣で歩くのも嬉しくなりませんか？

見た目を整えることに無頓着な人は、それが自分だけのためにするものだと思っているのです。見た目を気遣うのは自分に関わってくれる周りの人のためでもあります。自分を助けてくれる人たちに不快感を与えてはいけません。見た目でも周りの人たちに何かいい影響を与える人でありましょう。

冗談や社交辞令はパターンで覚える

僕は冗談や皮肉、社交辞令がわかりません。言葉通りに受け取ってしまいます。冗談を真に受けて傷ついてしまったり、皮肉を言われているのに褒められていると思って喜んだり、社交辞令を本気にして「早く次会いましょうよ」と言って引かれてしまったり（笑）。

文脈や状況などから判断して相手の真意を推測するということができないのです。皆さんの中にもこういったことでお困りの方は多いのではないでしょうか？　僕はこれを、芸人さんのトークを覚えたりすることで解決してきました。

相手の心理がわかる人はかっこいい!?

冗談や皮肉、社交辞令をいつまで経っても習得できない原因は、僕がそれらに関心がなかったことが一番の原因だったのではないだろうかと考えております。というのも、社会人になって営業職をするようになって、これらのスキルが僕の仕事の中ではとても大切だという状況になっても、僕はこれらを習得できずにいました。

しかし僕はある日、テレビ番組でメンタリストのDaigoさんが人の心を読み取るパフォーマンスしているのを観て、「カッコいい！」と思ったんですね。「自分もこんな風に人の心を読み取りたい！」と思ったのです。

それから本屋さんでDaigoさんが書いた本や心理学、営業についての本を読み漁り、気づいたらコミュニケーションが以前よりかなりスムーズにできるようになっていました。

冗談を言えたほうが勝ちのゲーム

言葉の裏の意味や、文脈から相手の真意を推測するといったことは僕は今でも苦手に変わりないのですが、パターンを覚えることである程度は解決できます。

例えば、何か失敗をしてしまったときに「お前ほんまにアホやな」と笑いながら言われたとします。こういうときは落ち込むのではなく、「えへ（笑）」くらいにおどけて返すのです。これはパターンです。こういうアホとか馬鹿とか落ち着きがないとか、そう言われたときは「そうなんですよ～」って笑って返すものなんだと覚えておくのです。「面白く返せたほうが勝ちなゲーム」と思うと会話もさらに楽しめます。

芸人さんのトークは喋り方マニュアル

僕はDaigoさんの本を読むのと同時に、人志松本の○○な話を観て、芸人さんの面白い話し方やボケ、それに対するツッコミのパターンを覚えて、明日は友達との会話でこんなノリをやってみたいとかそんなことを考えていました。だから勉強しているというような感覚も義務感もなく、楽しんで学ぶことができました。

そして冗談が言えるようになると、心がとても軽くなります。話し相手の冗談に冗談で返すことができると、「自分も冗談が言える」という自信にもつながりますし、いちいち真に受けて落ち込むことも少なくなります。あなたもトーク重視のお笑い番組を観ることを日課にしてみるのはいいかがでしょうか。

雑談のパターンを覚える

雑談もパターンで覚えてしまいましょう。雑談が苦手だという人がいます。雑談が苦手な人は決まって「相手と何を話していいのかわからない」と言います。しかし考えてみてください。あなたは仲のいい友達と雑談しているとき、いちいち何の話題で会話しようだなんて考えないのではないですか？　何のとりとめもない会話でも、ただ楽しんでいるのではないでしょうか。

雑談の内容が重要なのではなく、雑談することによって互いの緊張感をほぐしたり仲を深めることが大切なのです。内容は本当に何でもいいのです。初対面なら、天気、出身地、住んでいる場所などについて質問するのがいいでしょう。

会話はドッヂボールではなくキャッチボール

ＡＤＨＤのあなたは特に自分の興味のないことには見向きもしないのではないでしょうか？　僕も3年程前まではそれが本当に顕著で、興味のない話や自分にとってどうでもいいことに関して、話し相手が話していても全く耳を傾けない自分でした。

特に悪気があるわけではなかったのですが、今思い返すと本当に自分が話したいことをただ相手にぶつけるだけで会話のキャッチボールというより一方的にボールを投げつけることばかりをしていました。

そんな僕の会話に対する認識が変わったのは、斎藤一人さんの本を読んでからでした。会話は相手の人を喜ばせるためのもの。善意のキャッチボールなのです。

相手が話したがっていることを質問で掘り下げる

そういう認識になってから、人と話すことがとても楽しくなり、目の前の人をどれだけ喜ばせてあげられるだろうということに喜びを感じるようになりました。この考えは本当に僕の人生を豊かにしてくれています。

話し相手が喜びそうな話題や相手の得意分野の話を振って、話し相手の気持ちを晴れやかにしてあげるのです。あなたの存在で、相手に元気や喜びを与えるのです。お互いがそういう気持ちで接することで、善意のキャッチボールが成立します。

このとき、相手に何か見返りを求めてはいけません。あなたがただ元気を与えるのです。まずは質問をするところから始めましょう。あなたの目の前にいる人が好きなもの、趣味、得意なこと、今ハマっているものなど何でも構いません。

間違えても聞かれてもいないのにあなたが今ハマっていることをベラベラと5分も10分も喋ってはいけません。まずはあなたが聞いてあげましょう。話し相手がある程度話すことに満足して、「ところであなたは最近なにかハマってることある?」と聞いてくれてから、いやらしくない程度に話しましょう。

相手が喜ぶことを言うとあなたに返ってくる

そうやって話し相手が喜ぶことをしていると、結果あなたが喜ぶ出来事があなたに返ってきます。話し相手はあなたと一緒にいると楽しいと思うようになります。あなたの信頼残高を貯めていくのです。信頼残高とはあなたの人としての信用度の大きさを表すバロメーターのようなものだと思ってください。

信用を貯金する、いわば貯信です。貯信が大きくなるとあなたはチャンスに恵まれ、人に助けられ、協力者が増え、誰かに必要とされる機会が増えます。あなたは周りの人たちを喜ばせることに喜びを感じ、貯信を楽しみ、人生を楽しむのです。そして自分だけのための人生から、本気で誰かに貢献する人生を歩みたいと思うようになります。

カミングアウトに頼りすぎない

カミングアウトすることで心が楽になることを覚えたら、どんどん周りの人に本当の自分をさらけ出したくなるはずです。自分の素の姿を周りの人に知ってもらえると、着飾ったり肩肘はる必要がなくなります。心がどんどん軽くなって、毎日が過ごしやすくなってくるでしょう。

しかし忘れてはいけないことがあります。僕たちはこのカミングアウトを誰かに甘えるためにしているのではないということです。これを忘れてしまうと、「あの人は初めから諦めて自分で何もしようとしない人」というレッテルを貼られてしまうこともあるかと思います。もちろん本当にあなたが誰かに頼るべきシーンはそうすればいいですが、逆にあなたが周りの人に何をしてあげられるのだろうかと常に考えるようにもしましょう。

頼るだけではうまくいきません。頼って、そして頼られる関係を築くことであなたの周りの人間関係はどんどんよくなっていくのです。

守れない約束はしない

何かお願いされたときに、これは自分にとって難しいなと思ったら迷わずNOと言いましょう。「お力になりたいのは山々なのですが、予定があって時間が取れそうにありません」と言ったようにに。頼まれたことを実行するのが難しいとわかりながら「YES」と言って引き受けてしまうと、あなたも苦しみますしあなたに頼んだ相手も困ります。誰にとってもいいことではありません。何でもかんでも引き受けるのがいいことではありません。相手の意見を聞き尊重しながらも、勇気を持って自分の立場も主張することをできるようになりましょう。

NOという練習をする

まずは日常の簡単なことから慣らしていきましょう。例えばコンビニで買い物をしていてレジ袋がいらないのなら「レジ袋はいりません」とちゃんと伝えるのです。

スターバックスでいつも飲んでるドリンクを「ホイップクリーム抜きで」とカスタムしてみたり、飲み会でみんなが生ビールを頼む場面で「ジンジャーハイで」と言ってみるのもいいですね。

飲まずに帰りたいのなら「今日は飲めません。予定があるので早く帰らせてもらいます」と断りましょう。

きっちりと断ることで、あなたは信用をなくす事態を防ぐことができます。

6 文脈を読む知恵

とにかくパターンで覚えよう

発達障害をもつ人の多くが、社交辞令や皮肉、日本独特のあいまいな表現がわからず、言葉のままに受け取ってしまい困ることが多いのではないでしょうか？

もしくは言葉のままに受け取ってしまって周りの人と意思疎通が取れていないのに、それに気づいていないということもあるかもしれません。

僕もあいまいな表現の文脈を読み取ることがなかなか難しかったので、パターンを覚えて人とコミュニケーションをとるようにしてきました。

〔図表7　言葉の真意リスト〕

相手の発する言葉	相手があなたに伝えたいこと
予定がわからない。	お断りします。
またお会いしましょう。	バイバイ！という別れの言葉と同じ。
またご飯に行きましょう。	上記と同じ。本当に誘っているケースは稀。
また連絡するね。	〃
考えておくね。	お断りします。
行けたら行きます。	90%行けません。
勝手にしなさい！	言うことを聞きなさい。
もう帰れ！	反省しなさい。（本当に帰ったら怒られます。）
何でも聞いてくださいね。	仕事のことなら気軽に質問してね。
色々知っててすごいですね。	喋りすぎなこちらを諭す、皮肉の場合が多い。
鍋が沸騰しないか見ておいて。	沸騰しそうになったら弱火にして。

多くのパターンを知っていると、より会話をスムーズにできるようになると思いますので、少しずつ覚えていきましょう。

この文脈を読むという能力が低いことは、デメリットばかりではないと考えています。

文脈を読めないということは自分たちがそういう社交辞令やわかりにくい皮肉などを使うことはないということです。

つまり言ったことはやる、イエスならイエスと、ノーならノーと伝えるというハッキリと意思を伝える欧米式のコミュニケーションが得意ということです。

こういった人の言葉には信頼感があります。

自分はあいまいな表現を避けながら、しかし相手の表現はわかるようにと、少しずつストックを増やしましょう。ストックが増えてくると、スムーズに意思疎通できる自分に驚くでしょう。

7　瞑想の知恵

朝の瞑想を習慣にする

僕は気持ちが落ち着かなくなってきたら、朝3分の瞑想を行うようにしています。そうすることで頭の中がスッキリして落ち着き、習慣化すると頭の中の忙しさを徐々になくしていくことができます。

ここでいう瞑想は、第2章で紹介した呼吸法で目を閉じてじっとしている瞑想です。呼吸のペースを一呼吸10秒程度で行います。かなりゆっくりですが、意識的に呼吸のペースを落とすことで気持ちを落ち着け、筋緊張もほどき、心身をリラックスさせます。

瞑想の効果は科学的にも証明されており、ストレス軽減のほか、痛みを緩和したり、うつ病の再発率を下げるともいわれています。

感謝の瞑想

これは頭が忙しくて寝られない人におすすめです。僕はよく夜寝る前に感謝の瞑想をしていました。5分もかからずにできるのに、幸福感が高まり、心が穏やかになり、苦しかった当時も夜寝やすくなったのを覚えています。

夜寝る前に布団の中で目を閉じて、その日の朝から夜までの出来事をすべて振り返るのです。そしてそこで会話した人、起こった出来事に1つひとつ「ありがとう」と言っていくのです。

朝ごはんを食べたらその朝ごはんをつくってくれた人に「ありがとう」と言います。その朝ごはんを食べるためのお金を稼いでくれている人にも、そして美味しく食べられた健康な自分にも「ありがとう」と言いましょう。

出かけるときに電車に乗ったら運転してくれた車掌さんにも「ありがとう」、物を買ったらレジを担当してくれた人にも「ありがとう」、一緒にランチして話を聞いてくれた友達にも「ありがとう」、家に無事に帰ってこられた自分に「ありがとう」、帰る場所があることに「ありがとう」、、、。

こんな感じでやってみると、あなたの心は温かい気持ちで包まれます。心穏やかに次の日を迎えられるのです。

終わりよければすべてよしと言いますが、心穏やかに眠りに入ると良質な睡眠が得られ、次の日の活力レベルも高くなります。是非今日から始めてみてください。

感謝が習慣になると前向きな気分になります。今生きていることが有難いと感じられ、何かに挑戦できることに喜びの感情を覚えます。行動の結果に関わらず、感謝の気持ちによって経験してよかったと思えてきます。

感謝することが自己肯定感を高めることにつながるのです。

様々なビジネス書や自己啓発書で感謝の重要性が語られる理由がわかりますね。

8　知恵はあなたの大切な人も幸せにする

自分の人生に責任を持つ

僕たちは自分の幸せに責任をもっています。そのために学び続けて努力しなければなりません。あなたが幸せを感じ、何かに熱中して取り組む姿は、あなたの親や兄弟を幸せにします。あなたが力を発揮して業績を上げると、周りの人たちもあなたに勇気をもらい、あなたは慕われます。不幸でいい人などいません。あなたはあなたの周りの人たちのためにも幸せでなければならないのです。

この第6章に書いていることは、僕とADHDの友達が実践している方法からできるだけ誰でも実践できそうなものを選び、まとめたものです。是非活用して、日常生活の活動1つひとつをストレスフリーなものにしていってください。その1つひとつの積み重ねがあなたを生涯助けてくれることでしょう。

様々なビジネス書や自己啓発書で感謝の重要性が語られる理由がわかりますね。

知恵はあなたを救う

FEYの哲学では、知識や知恵は火の要素のエネルギーにあたり、火の要素は風の要素すなわち「自由と挑戦のエネルギー」へと繋がっています。あなたは知識や知恵を得て、そして自分は自由であることに気づくのです。

知識や知恵を使いこなせるとあなたは様々な制限から解放されます。ケアレスミスを防ぎ、忘れ物が起こらないようなルーティンをつくり、強みが発揮できる環境に身を置くあなたには挑戦のエネルギーがみなぎっています。

そして風の要素のエネルギーはまた空の要素すなわち「至福」へと繋がり、ただそこに存在していることが幸せだと気付くのです。

苦しい時間は次に来る幸せの予兆

今幸せだと思えなくても大丈夫です。あなたが心地よく生活できるよう行動を起こしていけば必ず、幸せに生きることができます。

あなたはあなたの人生という映画の主人公です。

常に主役はあなたで、あなたのハッピーエンドへと世界が動いています。苦しい状況でも知恵という武器を少しずつ集めて、着々と人生を謳歌する準備を進めます。困難に立ち向かう主人公の行動は、多くの人々に勇気を与え、共感者が現れ、そしてかけがえのない仲間に出会います。今苦しければ苦しいほどその後の喜びの大きさはものすごいのです。映画の主人公がハッピーになれば、その家族も恋人も友達も皆幸せなハッピーエンドが待っています。そしてあなたは自分が経験したことを困っている人たちに伝え、多くの人を救うのです。

あとがき　「さあ、僕たちが活躍する時代だ！」

心の準備は整いましたか？

本書を閉じたら、まず何か行動を起こしましょう。

心の中で自分の成功体験を褒める

親友にカミングアウトする

職場の変更を検討する

1日1分ヨガの呼吸法を実践する

夢・目標リストをつくる

第6章のリストを実践する

何でも構いません。できることを1つひとつ実践しましょう。あなたの人生を変えるのはあなたの行動です。自分を認め、仲間をつくり、前に進みましょう。弱さをさらけ出して、生まれながらの自分を誇りましょう。それがあなたの強さになります。

僕たちは自分の輝く場所を探しては見つけ、そこで頑張り、そして飽きるとまた好奇心から別のキラキラと輝くものを見つけ、それに挑戦する。そんな子どもの宝探し遊びのような人生を送るのです。

ＡＤＨＤの人たちこそが活躍していく時代

「みんなとおんなじ」はロボットやＡＩに取って代わられ「何かに秀でている人」が求められる時代に突入してきています。僕たちは後者として活躍する潜在能力を持っています。能力の偏りは神様からの贈り物です。僕たちは能力の偏りが大きいからこそ色んな場面で苦しんできましたが、その分楽しめることや感動できることも人より多いのです。

さあ、人生を変える一歩を踏み出しましょう！

岩渕　玄太

著者略歴

岩渕　玄太（いわぶち　げんた）

1990年生まれ。ADHDグレーゾーンのヨガ講師。Five Elements Yoga®認定指導者。2011年、全国大学生専門学生ストリートダンスコンテストで優勝。2013年から3年間転職を繰り返し様々な会社で営業社員として勤務するも、自身のミスや忘れ物等数多くの失敗体験からADHDの特性を持っていると気づく。生きづらさから一時は自殺を考えるも親友の存在に助けられ、2016年からヨガインストラクターとなり才能を開花させ、同時にADHDに関するブログを書き始める。自身の多動性を活かしながら公園でのパークヨガや京都のお寺での寺ヨガ、更には離島でのヨガ合宿など様々なヨガイベントを主催している。2018年には日本最大手のホットヨガスタジオにて業務委託インストラクターの準グランプリに選ばれる。ブログを通してADHDに関する相談を数多く受けていたことから、ADHDの本を出版しようと考え、出版の必要資金はクラウドファンディングで見事に調達成功する。2020年からは日本ヨガのめぐみ協会の理事となり、協会に所属するインストラクターへの研修等の活動にも力を入れる。その行動力と存在で、同じADHDグレーゾーンの大人たちに勇気を与えている。

監修者略歴

西藤　直哉（さいとう　なおや）

精神保健指定医。あまなクリニック院長。クリニック内に精神科デイケア、精神科訪問指導を設置、自立訓練、計画相談事業も併設し地域の精神医療の治療とケアに力を入れている。精神科デイケアのプログラムにヨガも取り入れている。

発達障害グレーゾーンでも夢を実現して幸せに生きる
僕がフリーランスのヨガ講師として活躍できるようになったワケ

2020年5月18日 初版発行　　2020年6月17日 第2刷発行

著　者　岩渕　玄太　© Genta Iwabuchi
監修者　西藤　直哉　© Naoya Saito
発行人　森　　忠順
発行所　株式会社 セルバ出版
〒113-0034
東京都文京区湯島1丁目12番6号 高関ビル5B
☎03（5812）1178　FAX 03（5812）1188
https://seluba.co.jp/
発　売　株式会社 創英社／三省堂書店
〒101-0051
東京都千代田区神田神保町1丁目1番地
☎03（3291）2295　FAX 03（3292）7687

印刷・製本　モリモト印刷株式会社

Printed in JAPAN
ISBN978-4-86367-580-3